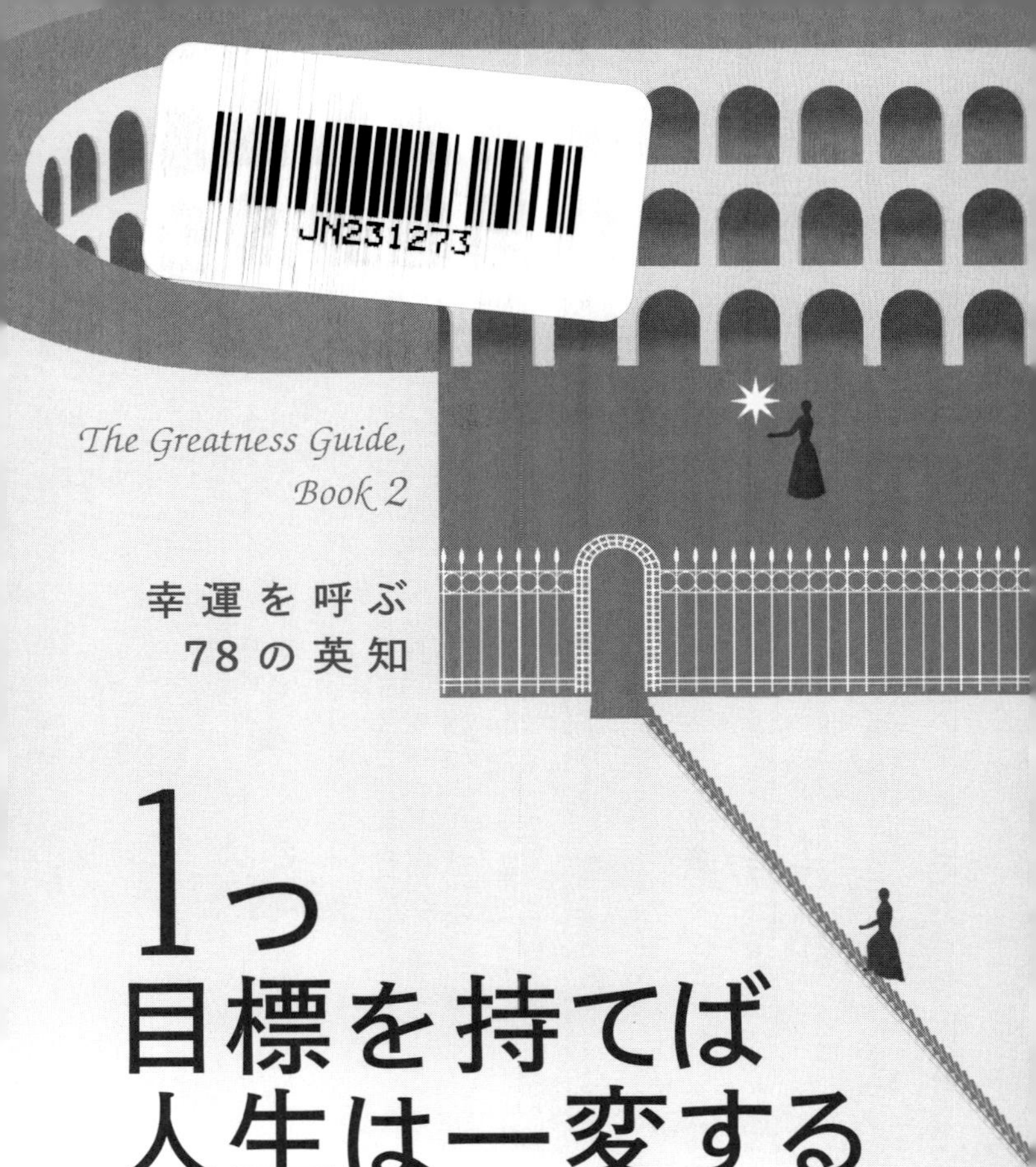

The Greatness Guide, Book 2

幸運を呼ぶ
78の英知

1つ目標を持てば人生は一変する

ロビン・シャーマ
北澤和彦＝訳

海竜社

〈まえがきに代えて〉
あなたの思考が現実をかたちづくり、運命を決めるのです

カラチ（パキスタン）のホテルの部屋で、この文章を書いています。とても魅力的な街です。音。文化。人びと。わたしにとって、なにもかもがためになる経験です。ここにこられたことを感謝しています。

ジュンパ・ラヒリの『その名にちなんで』を読んでいます。きれいな文章です。ひとつの考えをうながしています。美しい思索家になってください。一つひとつの考えを美しいものにすると誓いましょう。最高傑作といえる、すばらしい洞察《どうさつ》、

アイディア、影響を生みだすことに全力を傾けるのです。ことなる表現で、もう百回は聞いていると思います。

あなたは考えているとおりの人間になります。そして、あなたが活用する考えは自己実現的な予言になります。すばらしいことが起こるように期待すれば、きっとそうなるでしょう。動機づけを与える《モチベーター》人はそういいます。教師はそういいます。賢人はそういいます。なぜだろう、と思ったことはありませんか？

なぜそのアイディアが正しいのか、ようやくわかったような気がします。難解な哲学ではありません。シンプルな論理です。さあ、始めましょう。

毎日、あなたが行動することで、生活の結果が生まれます。そして、あらゆる行動より思考が先に立つので（正しく考えることは、行動の祖先です）、あなたが集中するものがあなたの現実を推進するのです。

イギリスのベンジャミン・ディズレーリ元首相は、みごとに表現しています。

「自分が考えている以上にすばらしい人間にはなれない」

人間として、思考より大きな行動はとれません。大きく夢見れば、行動はついてきます。こぢんまり考えれば、行動もこぢんまりしてしまうでしょう。

この概念は、生活のあらゆる次元を滝のように流れ落ちていきます。みんないい人たちだと思い、心をひらいて日々をすごしてください。あらゆる行為があなたの現実を創りだします。なぜなら、人びとはいい人たちにいいことをするからです。自分は最高のものに値すると思えば、行動はその自信を反映するでしょう。

よりよい行動は、やがてよりよい結果を生みます。職場やコミュニティーで超一流になろうと考えれば、そのすばらしい思考はあなたの生き方だけでなく、働き方もかたちづくるでしょう。そして、その特別なふるまいは、特別な結果を生みだすのです。

要点をわかりやすく表現できていたらいいのですが。というのも、この大切なことは、あまりに無視しやすいのです。あなたの思考はあなたの現実をかたちづくります。あなたの考えることはあなたの世界を形成します。ほんとうに集中するものは発展します。じっくり考えることは、まちがいなくあなたの運命を決めるでしょう。

目　次

目次

閉塞感から「わくわく感」へ▼▼▼新しい挑戦

目次

自己満足から「非凡な才能」へ▼▼▼成長戦略

目次

さめた関係から「尊敬と感謝の関係」へ▼▼▼ 人間関係

目次

閉塞感から「わくわく感」へ

新しい挑戦

起こるかもしれないことを恐れてびくびくしながら無関心でいるより、半分はよくない結果に終わっても、いさぎよく大胆になって危険を冒すほうがいい。

（ヘロドトス／ギリシアの歴史家）

1

あなたは特別な人間です

「オマハの賢人」と呼ばれている投資家、ウォーレン・バフェットは、かつてこういいました。

「あなたよりすばらしいあなたはいないでしょう」

最高の人物が贈る、みごとな洞察です。わたしよりすばらしいわたし、あなたよりすばらしいあなたはいないでしょう。あなたの考え方、話し方、ふるまい方をまねる人はいるかもしれません。でも、いくら必死になっても、彼らは次善の

新しい挑戦

あなたにしかなれません。というのも、あなたは一人しかいないからです。きょうを生きているのは、たった一人のあなたなのです。何十億人といるなかで。立ちどまって、考えてみる気になりませんか？　自分がとても特別な存在だと気づくはずです。いえ、きわめて特別な存在だと。競争相手などいないと。

そこで、きょう、人生をさらに向上させるつもりの人びとを必要としている世界へすすみ出るとき、あなたは何をしますか？　隠れている潜在能力をさらに発揮しますか？　生まれながらの創造性をもっと解き放ちますか？　もっと信頼できる人物であると打ち明けますか？　なるように運命づけられている自分以上の存在になりますか？

ちょっと気になっただけです。というのも、最高の自分になるのに、きょうほどいい時期はないからです。きょうでなければ、いつですか？　ギリシアの歴史家、ヘロドトスのことばが浮かんできます。

「起こるかもしれないことを恐れてびくびくしながら無関心でいるより、半分はよくない結果に終わっても、いさぎよく大胆になって危険を冒すほうがいい」

じつにみごとな表現です。

ポイントメモ

2

鏡に向かって自問する

もっとよく知れば、もっとよくできる、ということを忘れないようにするのは大切だと思います。自覚のレベルが高くなれば、さらに賢い選択ができるようになります。

どんな人間になりたいかが明瞭になればなるほど、そこに到達するのに必要な選択をはやく始められます。明瞭さは、さらに知的な意思決定をするための枠組みを提供してくれます（そして、わたしたちは意思が決めたものになるのです）。

とてもシンプルな手段があります。鏡のテスト。鏡をのぞきこんで、以下の質問を自問してください。

「きょうこれをひとつやれば、仕事面でも私生活でもＮＬＧ（偉大さのつぎなる《ネクスト・レベル・オブ・》段階《グレートネス》）に到達できるとしたら、わたしはなにをするだろう？」

そして、そのひとつについて考えるのです。その段階をみごとにこなすことに、じっくり思いをはせてください。で、外に出て、実行しましょう。勇気をもって行動するのです。いますぐ。いいですか、ささやかな日々の進歩はやがて驚くべき結果につながります。

3
小さな一歩が大きな結果をもたらす

きょう、この本を読んでいる人は、自分たちの世界へすすみ出て、「偉大さのつぎなる段階」へ導いてくれる何かにはげむでしょう。近くにいるだれかはきたるべき数時間で基準をあげて、自分の最高の可能性に向かおうと決意するでしょう。まわりにいるだれかは、生活がどう見えるかという点だけでなく、生活のあらゆる面において、いずれめざましい改善と結果をもたらす何かを始めるでしょう。たとえそれが小さな意思表示に見えても。あなたは、そのだれかになるのです。

他人にいわれたことは忘れてください。小さく考える人の話は聞かないようにしましょう。評論家の声を遮断《しゃだん》するのです。真実をきわめてください。あなたは人生で自信をもってふるまうように運命づけられているのです。そこで注目すべき存在になるために。いえ、非凡な存在になるために。その使命に耳を傾けるのを拒むたびに、あなたは自分自身を裏切っていることになります。

ですから、自分に敬意を払いましょう。この日を――そして人生を――特別で忘れがたい日にするのです。小さな一歩は、やがて大きな結果をもたらします。自分がどういう人間であるのか、どうなるべく形成されてきたのかを忘れないでください。肩書のないリーダー、類《たぐい》まれなすばらしい人間、そしてものごとを向上させる人。

ローマ皇帝で哲学者でもあった、マルクス・アウレリウスのことばをお教えしましょう。

「けっしてあわてず、けっして無関心にならず、けっしてもったいぶらず、毎日

これが最後の日と思って生きる——ここに人格の完成がある」

すばらしいことばです。
あなたが偉大さに到達できますように。

ポイントメモ

4

過去の心のお荷物を捨てる

美しい言葉があります。自己実現《パーソナル・マスタリー》。インスピレーションを与えてくれそうな雰囲気のある言葉です。希望を与えてくれます。促してくれます。刺激してくれます。わたしたちには最高の可能性があると断言し、その存在を思いださせてくれます。

人生という贈り物を与えられることは、とてつもない責任を与えられることです。わたしたちはみな、毎日、世の中に出て、最善をつくさなければなりません。そう、人生はいつも公正であるようには思えません。むずかしい顧客、約束を守らない納入業者、怒れる通勤者と出会います。つらい混乱の時期に直面します。

新しい挑戦

孤独を感じたり、最高最善のものをめざすのをあきらめたい気分になったりします。人生ではよくあることです。

でも、同時に、人生は日々輝く機会を提供してくれます。才能をみがく機会を。鎖を解き放つ機会を。自己実現を成しとげる機会を。

きょう、あなたの人生のコースを変えることに全力を注いでください。永遠に。自己実現に打ちこむのです。自分の思考について考えてください。本物の価値とあなたがめざしたいと思っているものを見つけましょう（自分が何者であるかを知らなければ、どうやってその人物になれるのですか？）。自分の恐れているものを知ってください。自分の才能と人間としての可能性についてじっくり考えましょう。過去の心のお荷物を捨てることを学んでください。うしろ向きなことに耐えるのはやめましょう。

かつて、レバノン出身の詩人、カリール・ジブランはこう書きました。

「〝疑い〟とは、あまりにも孤独に陥っているために、自分の双子の兄弟が〝信頼〟であることを忘れてしまっている苦痛のことである」

だれもが、いま見えているよりはるかに多い選択肢をもっています。あえてやってみれば、存在すら知らなかったドアが開きはじめます。

もっと読んでください。もっと学びましょう。体を鍛え——いえ、思いきり鍛えるのです（よく聞く話ですが、良好な健康状態が、それを失った人にしか重要ではない、というのでは悲しすぎます）。仕事でしていることに上達してください。組織があなたなしではやっていけない技術に長《た》けるのです。このうえなく友好的な人物になりましょう。思いやりと理解を示してください。愛想よくしましょう。いい人になりましょう。

5
やりたいことを先延ばしにしない

けさ、目がさめたのは、ミック・ジャガーのソロ・アルバム『ゴッデス・イン・ザ・ドアウェイ』の一節が、絶叫しながら頭のなかを駆け抜けていったときです。

「感傷的になってもむだだ、すべては絶叫しながらあっという間に駆け抜けていってしまうのだから」

そのとおり。人生は絶叫しながら駆け抜けていきます。

きょうできることを、なぜずっと先延ばしにするのですか？　人間としてここぞという勝負をかけるのを、どうして将来に先送りにするのですか？　とても楽しい時をすごすのを、なぜ年をとるまで遅らせるのですか？

退職後に備えた貯蓄計画について真剣に考えている若い女性の話を読んだことがあります。彼女はこういってました。

「たっぷり貯《た》まっていることを確認したいんです――そうすれば、少なくとも人生の最後は楽しくすごせるでしょ」

よく理解できません。生活を楽しむのを、なぜ年をとるまで待つのでしょうか？将来に備える大切さなどどうでもいい、とそそのかしているわけではありません。遠い将来のことを考え、充実した生活を送るべく準備をしてください。いつものように、バランスの問題なのです。計画を立てましょう。退職に備えて貯《たくわ》えてください。戦略的になるのです。

でも、同時に、その瞬間を生きてください。力いっぱい行動するのです。日々のリスクを負いましょう。スマートになってください。かつて、アラブ首長国連

新しい挑戦

邦のエミレーツ航空はこんな広告をうっていました。

「最後に、初めてなにかをしたのはいつですか？」

スマートですね。

日々を色で満たしましょう。きょうというこの日がもたらす最高のものを探しもとめるのです。おおいに笑ってください。おおいに夢を見ましょう。きたるべき時間が提供してくれる機会があれば——おたがい、あることはわかっていますね——それをつかんでください。というのも、人生は絶叫しながら駆け抜けていってしまうからです。あっという間に。

6 新しいことに挑戦する

人間はコントロールしたがります――そういうものなのです。わたしたちが洞窟で暮らしていたころからの、生き抜くためのメカニズムです。わたしたちは確実なものをほしがり、ちょっとでもそうでないといらだちます。

でも、リーダーシップとは、いらだたしいもののあつかいに長《た》けることにつきます。あなたを脅《おど》し、怯《おび》えさせるものから逃げるのではなく、それに立ち向かっていくことです。そして、リーダーシップとは新しいことへの挑戦といえます。

毎日、おなじものを食べるのは簡単です。でも、新しい食べ物に挑んでみなければ、あらたなお気に入りを発見する機会を逸してしまうかもしれません。毎日、

新しい挑戦

おなじ人たちとつきあったり、おなじ会話をするのは楽です。でも、コミュニティーの環《わ》をひろげなければ、新しい親友と出会えないかもしれません。

毎日、職場で型にはまったおなじことを繰り返すのは容易です。自分の限界を伸ばさなければ、自信と達成感で満たしてくれる実績をあげることはできないでしょう。その自信と達成感が、まったくあらたな仕事の世界の始まりになるのです。

ですから、毎日、新しいものを取り入れて、あなたの生活をさらなる冒険、情熱、エネルギーで満たしてください。聴いたことのない音楽、食べたことのない外国の食べ物、読んだことのない雑誌に挑戦してみるのです。

そこには大きくて面白い世界がひろがっています。手にとりさえすれば、それはあなたのものなのです。

7

怠慢をやめる

ほとんどの組織は、大きな一撃で破綻《はたん》したりしません。ほとんどの人間関係は、激しい口論を一度しただけで壊れたりしません。ほとんどの生活は、一回の悲しいできごとのせいでばらばらになったりしません。そうではなく、日々のささいな怠慢行為が長いあいだに積み重なってゆるやかな衰弱が起こり、やがて爆発につながって、崩壊するのです。

ラクダの背中のたとえを思いだしてください。かわいそうな動物の背中に、藁《わら》をどんどん積みあげていくのです。藁一本だけなら軽いので、ほとんど害はありません。でも、ラクダの背中に一本一本のせていくと、最終的にとても重くなり、

新しい挑戦

最後の一本をのせると背骨が折れてしまいます。

わたしはこれを「ラクダの背中症候群」と呼んでいます。ささいな怠慢を続けていると、仕事にも生活にもかならず大規模な修理が必要になります。最高の人びとは、ささいなものごとも汗をかいてちゃんとやります。一見したところ重要でないこともきちんと理解します。小さなプロジェクト、活動、しなければならないことに秀でるだけの鍛錬をしており、そこからみごとに大きなものにつなげていくのです。

彼らは、長続きする成功は、革命《レボルーション》ではなく、進化《エボルーション》をへて実現するとわかっています。だから、あなたにもできます。

8

練習を重んじる

長いブランクを経たタイガー・ウッズが、ゴルフをはてしなく洗練させ、向上したいという並外れて強い気持ちをなくして、練習を投げだす姿を考えてみてください。

ばかばかしい、とあなたはいうでしょう。にもかかわらず、仕事や生活の場で、わたしたちの何人が、一貫した日々の練習に身をささげているでしょうか？　じつは、ほんのひと握りにすぎません。

練習しなかったら、どうやって向上できるのですか？　成功はただ現れてはくれません。めざましい結果は、期せずしてやってくるわけではないのです。人生

新しい挑戦

で最高のことを成しとげるには、忍耐、集中、犠牲が必要です。超一流になるためには、きちんと取り組む必要があります。毎日。執拗に。情熱をこめて。

リーダー（そして人間）として偉大になりたいと願っているだけでは、たんなる呪術思考にすぎません。時間のむだです。勝つのは一パーセントだけ、ということを忘れないでください。

毎日、ちょっとした改善をすれば、日々の練習の成果は、長いあいだに信じがたいほどの量になるでしょう。アスリートは、自分の種目を練習することで上達します。リーダーは、知恵をみがくことで、技術を高めることで、影響力を深めることで、山頂をめざして意識的に足を踏みだすことで、向上するのです。そして、ようやくそこにたどりつくのです。

9

「からくり」は見せない

『タイム』誌で興味をそそる記事を読んだことがあります。「世界でもっとも影響力のある一〇〇人」。アップルを設立したスティーブ・ジョブズも入っていました。

でも、わたしがいちばん興味をもった横顔紹介は、レオナルド・ディカプリオのものでした。マーティン・スコセッシ監督は、はじめてディカプリオの演技を見たとき、たったひとこと、こういったのです。

「彼の演技にはからくりが見えなかった」

新しい挑戦

そのことばを読むと、わたしは雑誌をおかざるをえませんでした。

達人たちの手にかかると、なんでもとても簡単そうに見えます。最高に輝いている人は、いとも簡単に、じつに優雅に、技をくりだすのです。少なくとも、わたしたちにはそう見えます。からくりは見えません。

ＢＩＷ（世界一《ベスト・イン・ザ・ワールド》）でいるために、早朝も深夜も勤勉に働いているようには思えません。ありえない確率を克服しようという並々ならぬ決意、夢を実現するための決意は見あたりません。それに、山頂をきわめるには無視する必要がある、評論家たちの笑い声も聞こえないのです。エンターテインメント、ビジネス、政治、教育におけるすぐれたパフォーマーは、楽々とやってのけます。

でも、そうではありません。一夜で世間をあっと言わせるには、何年もかかるのです。それを忘れないようにしましょう。

10

いいことの種を蒔《ま》く

確かに、いわれているとおりです。勤勉に働けば働くほど、ますます幸運に恵まれる。

「すばらしい人生とは、幸運の結果なんですか？　それとも、それにしたがえばいい結果が得られる、一連の自然の法則でもあるのですか？」と思われるかもしれません。わたしの答えはこうです。いいことにはげむ人びとに、いいことは起きます。正しいことをすれば、いやでも正しい結果が手に入るのです。

農業についてよく考えます。といっても、いまのリーダーシップと個人的成功に関する仕事をやめ、トウモロコシを植えて毎日をすごそうと思っているわけで

新しい挑戦

はありません（それもすばらしい暮らし方ですが）。でも、ちょっと考えてみてください。農業の法則と自然の法則は、わたしたちのビジネスや私生活を支配している法則とおなじものなのです。

自分の蒔いた種は、自分で刈る。農地を大切にして、育てれば、かならず収穫が得られます。仕事や健康や人間関係を大切にして、育てたとき、十分な結果が得られないと思いますか？　そんなことはありえません。

確かに、幸運に恵まれるときもあります。でも、それは予期せぬボーナスにすぎません。わたしにとって、類《たぐい》まれなすばらしい生活とは、自然の法則にそって生活する結果なのです。顧客やまわりの全員に付加価値をつけるようなことをする。会ったすべての人をＶＩＰなみにあつかう。思いもよらないくらい正直になり、驚くほど情熱的になる。そういったことを続けていれば、すばらしい結果が訪れます。

そして、いいですか、種を蒔けば蒔くほど、収穫は増えるのです。

11

優先事項のシンボルをつくる

子どもたちといっしょに歩いて学校まで行ったことがあります。わが街は、思わず息をのむような秋の朝でした。秋の色、新鮮な空気、ひんやりした温度。わたしのお気に入りの時期です。

息子のコルビーは、友だちの車のなかにはゴムの亀がいるんだ、といいました。その友だちの両親に、ゆっくり運転すること、道路にいる他人の命を尊重することを思いださせてくれるそうです。

すばらしい。シンボリックに思いださせてくれるものが大切であることを考えさせられました。重要な場所に戦略的において、なにが重要かを思いださせてく

新しい挑戦

れるしるしです。なにが大切か、なにをめざしているのか、を。

わたしがリーダーシップのワークショップで顧客に提案しているもっともシンプルな戦術は、3×5インチのカードに、もっとも重要な三つの職業的・個人的な義務を書いて、朝いちばんで見られるように、バスルームの鏡に貼ることです（ばかばかしく聞こえるのはわかっていますが、みごとに功を奏します）。

このささやかな習慣は、あなたの自覚に影響をおよぼします。決定的に。自覚は、選択に明確なかたちを与えます。選択は、結果に明確なかたちを与えます。

非凡な人びとは、最高の〈しなければならないことのリスト〉に劇的に集中しています。彼らが、考え、話し、夢見るのはそのことだけです。

世界最大のシーフーズ会社のひとつ、クリアウォーター・ファイン・フーズの創業者、ジョン・リズリーについて読んだことを思いだします。

彼は、「取引をしたいとなると、それをどう成しとげるかしか考えられなくなる。夜、目がさめてトイレに行っても、取引のことを考えている。わたしはおおいに集中する」といっています。

自分を最高の状態にたもつために、あなたはどんな栄光のシンボルを使いますか？　押し寄せる日々のできごとに注意を奪われてしまいそうなとき、すぐに優先事項にもどりなさいと教えてくれる、どんなすばらしいしるしを見つけられますか？

あなたは非凡な人生を送るに値します。

自分のシンボル——これからなるつもりの人物を象徴するものを見つけることから始めてください。

新しい挑戦

12 習慣づける

ドバイで青年社長会議のためにリーダーシップの講演をしていたとき、一人の女性が近づいてきて、こういいました。

「ロビン、あなたが書かれた『心のカップを空にせよ！』をとても面白く読みましたけど、いとも簡単そうに書いていらっしゃいますね。生活でいろいろ改善するのは、たいへんなことなんですよ」

うーん。わたしは考えてしまいました。おおいに。わたしの立場はこうです。

わたしたちは楽をしたがる世界に住んでいます。元気で健康に見られたいのに、そうなるために必要な運動をしたがりません。仕事で成功したいのに、勤勉に働いたり鍛えたりせずに超一流になる方法はないものかと思います（すばらしい会社はどこもそうですが、経営幹部はみな鍛えられています）。

恐怖のない、喜びに満ちた人生を送りたいと思うのに、まちがいなく理想に近づけてくれる最高の習慣（たとえば、早起き、冒険、目標設定、読書）を避けてしまうことがよくあります。

無償で手に入るものはありません。ただより高いものはないのです。人生で最良のものは、犠牲と献身をもとめます。職場でも私生活でも、独自の偉大さにたどりつくには、犠牲を払わなければなりません。払えば払うほど、受けとるものは増えるでしょう。

職場でも家庭でも、しなければならない重要なことをせず、鍛えもしないで最高の人生を送りたいと思うのは、なにも植えずにみごとな庭園をほしがるようなものです。

あるいは、毎日チョコレート・バーを食べるのをやめずに、すばらしい健康状

新しい挑戦

態をたもちたいと思うようなものです。

あるいは、魔法の薬をのんでビジネスが大成功してほしいと祈るようなものです。

献身はどうなってしまったのでしょう？　そして、専念は？

すばらしい人生はいきなりやってきたりしません。タージマハルや万里の長城のように、日々一歩ずつ、丹念に築きあげられるのです。優秀なビジネスはただ現れてはくれません。はてしない改善と努力を続けることで鍛えられるのです。

人生最高のものが努力しないで手に入ると信じたりしないようにしましょう。

最良のものを与えれば、最良のものが訪れます。かならず。

13

寝すぎない

この話をもちだすと不利になるのはわかっていますが、わたしには真実を語る義務があります。ほとんどの人は必要以上に寝すぎています。人生で最良のひときをマットレスの上ですごすという罠《わな》におちいっているのです。花ひらくかもしれない才能を浪費しています。〝ベッドの戦い〟に負けています。自分のすばらしさを、めざまし時計を止めるボタンと交換してるのです。

ある洞察について考えてみることをお勧めします。

睡眠は睡眠を招く。睡眠をとればとるほど、もっと睡眠が必要になります。寝れば寝るほど、もっと眠くなることに気づきませんでしたか？　不思議ですね。

新しい挑戦

でも、そうなのです。

確かに、睡眠はわたしたちが輝き、回復し、健康でいるためには欠かせないものです。わたしが恐れているのは、寝すぎなのです。偉大な人たちを凡人にとどめているような寝すぎ。高い可能性を秘めた人生を小さくしてしまうような寝すぎ。傑出すること（そして、自分が何者であるかを知ること）をめざすように運命づけられている人間から人生を吸いとってしまうような寝すぎ。よくある話です。というのも、わたしたちは枕と恋に落ちやすいですから。

しなければならない重要なこと、探険すべきすばらしい場所、達成しなければならない〝大きくて、困難で、向こう見ずな目標〟（ありがとう、ビジネス・コンサルタントのジム・コリンズ）が多すぎるので、寝すぎている場合ではありません。人生は生活のためにあるのです。繰り返しますが、人生は生活のためにあるのです。

きょう、だれもが贈り物を与えられています。影響をおよぼし、才能を発揮しながら、同時にとても楽しい時間をすごす機会をもつことです。わたしたちはそれをつかむ（そして、尊重する）必要があります。ですから、睡眠時間を減らしてください。もっと充実した生活を送りましょう。

アメリカ合衆国の独立に貢献したベンジャミン・フランクリンのいうとおりです。

「死んだら寝る時間はいくらでもある」

この人物はずっと好きです。

14 驚くべき「白紙の二十四時間」

今夜の十二時、あなたはもっとも驚くべき贈り物を受けとるでしょう。あらたな二十四時間を。純粋で、無傷で、無限の二十四時間。

その時間は、あなたが勇気を見せ、りっぱにふるまい、思いやりのある関係をきずく機会を与えてくれます。よりよい場所へ導いてくれる、そういった新しい勝利の習慣を鍛えてくれます。そして、笑う機会を提供してくれます。価値を生む機会を。夢を実現する機会を。あなたが認めようと認めまいと、明日はすばらしいものです。でも、すべての人に明日があるわけではありません。

わたしはカザフスタンから帰ってきたばかりです。向こうでは楽しい時をすごしました。アルマトゥイはとても美しい街で、山々やりんごの木々にかこまれています。気持ちのいい人びとが大勢いて、忘れがたい文化にあふれています。わたしがひらいたリーダーシップのセミナーは、とても楽しいものでした。
帰りの長いフライトでは、ピーター・メイルの『プロヴァンスの贈りもの』を読みました。『南仏プロヴァンスの12か月』が面白かったので、機内でくつろげると思ったのです——実際、くつろげました。休暇中に読むにはもってこいの本です。作品中の一行に強い印象をおぼえました。

「一生、膝《ひざ》をついて低姿勢で暮らすより、立ったまま死ぬほうがましだ」

信じがたいほど力強いことばです。ありがとう、ピーター・メイル。わたしに気づかせてくれて。なにがいちばん重要かということを。
ですから、明日を特別な日にしてください。いいえ、とびきりすばらしい日に。

最高の日に。芸術のような——孫たちに語れるような日に。たった一日でなにができるかについては、驚くべきものがあります。一日一日は、なるべき自分に近づいていく機会なのです。

新しい挑戦

ポイントメモ

15

超一流人の習慣をまねる

いいでしょう、習慣は世界でいちばんすばらしいものではないかもしれません。でも、もっとも重要なものかもしれないのです。最高とそうでないものを隔てているのは、つまるところ習慣です。

いくつかのいい習慣は（実際に必要なのは、二つ三つのほんとうにいい習慣だけです）、あなたの経歴と人生の最後をまったく違うものにしてくれるでしょう。平凡と非凡の違いがわかります。ですから、きちんと選んでください。

わたしの要点がよく理解できるかもしれない比喩があります。

いい習慣は、たくましいオークの木のようなものです。それは小さな種として

新しい挑戦

始まり、ある瞬間に蒔かれます。毎日ちゃんと育ててやらないと、すぐに死んでしまいます。でも、毎日少しずつきちんと世話をしてやれば、すくすくと育ちます。やがてある日、木はほとんど折れないくらい頑丈になるのです。

習慣は、あなたが自分の山頂にどのくらい近づいているかを明らかにしてくれるでしょう。わたしが気づいた超一流の人びとの習慣には、つぎのようなものがあります。

＊あらゆる行動を、優秀さと誠実さの最高レベルに合わせる。
＊人間関係を最優先する。
＊逆境を利用して、自分、自分の仕事、生活をよりよいものにする。
＊早起きする。
＊約束は控えめにして、期待以上のものを提供する（つねに相手が期待する以上のものを提供すれば、勝利をおさめられます）。

＊情熱的な学習者になる。

＊毎朝、起きた直後の六十分を、夢見ること、構想を練ること、驚くべき体力を維持するための運動についやす。

＊自分のするべきことにきわめて長《た》けていることと、きわめて興味深くて多才な人間になることのバランスをとる。

いくつか選んでください。動きだすために。種を蒔くために。

アイディアから「具体的な一歩」へ

行動習慣

自分にできること、あるいは夢に思い描いていることは、すべて実行に移すことだ。大胆であれば、非凡な能力と不思議な力を発揮できる。

（ゲーテ／ドイツの詩人）

16

分別と安楽から離れる

わたしが好きな引用句に、ジョージ・バーナード・ショーのものがあります。

「分別がある者は、自分を世界に合わせようとする。分別がない者は、世界を自分に合わせようと躍起になっている。ゆえに、分別がない者がいなければ、進歩はありえない」

この意見についてちょっと考えてみてください。とても野心的な考え方ではないでしょうか。

もちろん、自分の世界をすすむときは、実務的になって、理知的に仕事をしてください。確かに、常識をはたらかせることは重要です。ばかげた危険を冒せば、面倒な結果を招きます。でも、そうはいっても、失敗や失望を恐れて、夢を見そこなわないようにしてください。いつも合理的、実務的、分別くさくなるあまり、めぐってくるすばらしい機会をはねつけてしまわないようにしましょう。自分にできることに関しては、限界に挑むのです。

いいですか、評論家たちは、大胆な思想家やすぐれた預言者の洞察《どうさつ》力をいつも笑います。そんなものは無視しましょう。人間のめざましい進歩はすべて、そんなアイディアは実現できるわけがないといわれた人物の英雄的な努力によって達成されたことを忘れないでください。

世界は、さらなる夢想家をもとめています。平凡になろうという衝動と闘っている、分別のない人間をもとめているのです。自己満足という誘惑や、いままでどおりのやり方に抵抗する人が必要なのです。あなたはその一人になれます。きょう、始めてください。

レバノン出身の神秘主義者で、詩人のカリール・ジブランは、『預言者』のなかで、わたしよりはるかに美しく表現しています。

「まことに安楽への欲は、魂の情熱を殺す」

ポイントメモ

17 夢に生命を吹きこむ

預言者の本質は、他人が見逃すものを見ることです。わたしはドイツの哲学者、アルトゥル・ショーペンハウアーがかつていったことを思いだしました。「才人はだれも射ることのできない的を射る。天才はだれにも見えない的を射る」仲間内のジョークみたいですね。彼らは想像のなかでありありとした夢、機会、願望を見て、何日もかけてそれらに生命を吹きこみます——たとえまわりの全員が、時間のむだ、常軌《じょうき》を逸している、無謀、ばかげていると考えても。ガンジー、エディソン、ディズニーのことを考えてみてください。そして、J・Kのことを。J・K・ローリングは、請求書の支払いに四苦八苦しているシングル・マザーでしたが、四時間の列車の旅をしているとき、環境になじめない若き魔法使いに関する本のアイディアを思いつきました。彼女は自身のウェブサイトで、あのときペンをもってなくてよかった、なぜなら、思い浮かぶすべての奇跡的なアイディアを書きとめていたら、流れがさまたげられていただろうから、といっています。

原稿が完成すると、彼女のエージェントは「ハリー・ポッター」を出版社に送りはじめました。ほとんどの出版社は即座に断りました。でも、一社だけは断りませんでした。預言者に関して、わたしがいいたいのはその点なのです。彼らには、まわりのほとんどの人がものにできない機会が見えるのです。想像してみてください。「ハリー・ポッター」を却下したのですよ。だれもそんな本は買わないと考えたのです。人類史上最高のベストセラーの一冊を見逃したのです。

預言者になって、人生のもっと高いところをめざせば、かならずみんなから疑いをもたれるようになるでしょう。彼らはあなたが向かっているところへ行けません。あなたは、変わり者、愚か者、異端者と呼ばれるかもしれません。いいではないですか。褒めてもらったお礼をいって、自分が行かなければならない場所へ行くために必要なことをしつづけるのです。いったんたどりついたら、世界はよりよい場所になるでしょう。

作家で詩人のマヤ・アンジェルーは、こういいました。

「運がよければ、たったひとつの空想が百万の現実を変えることもある」

18

ありったけのエネルギーを燃やす

ローマから帰国する機中で、『GQ』(男性向けファッション誌)のイギリス版を読みました。

(ローマはすてきなところです。オーストラリア人の友人が、最近、こんなことをいってました。「どこをまがっても、歴史の授業を受けられるよ」)

わたしがその雑誌で見つけたいちばん面白いアイディアは、自転車競技のあるコーチがいっていたものです。

「ほとんどの人は最後の一パーセントを予備にとっておくけど、チャンピオンた

ちはその特別の一パーセントを燃やす勇気をもっている」

すばらしい考えです。忘れないようにしましょう。

ありったけのエネルギーを使って最善をつくし、超一流の結果を出してください。やることすべてに、あらゆる潜在能力を提供しましょう。あなたの才能をめざめさせるのです。そして、内なる炎を。そうすれば、最後に、「わたしは燃えつきた。最善をつくした」ということができます。すばらしいではありませんか。

そして、忘れないでください——まぎれもない偉大さの機会は、ふつうの人びとがあきらめた瞬間に訪れるのです。

19

後悔の痛みを想像する

ステンレス・スティール——とてつもない発明です。でも、完全無欠《ステンレス》の人物はどうでしょう？

高貴で、すべてに勝利を追いもとめ、理想に近づくのをけっしてあきらめない人間。内側にあるものは、つねに外側にあらわれなければなりません。

つまり、あなたの内なる世界の質は、最終的に外の世界の質に反映される、ということです。外面的な人生は、内面的な人生より大きくなれません。人生はまさに鏡です——なりたい自分ではなく、いまの自分を反映します。

純粋な夢を見る人物、申し分なく正直で、善良で、最善をめざす人物は、すぐにそういった価値にそってふるまうようになるでしょう。そういったふるまいが、すばらしい結果を招かないはずがありません。内側は外側をつくりだすのです。つねに。

かつて娘のビアンカといっしょに見た『スパイダーマン3』のなかで最高のせりふは、もっともわかりやすいものでした。

「われわれにはいつも選択肢がある。つねに正か邪かを選べる」

リーダーシップ、成功、偉大さといったものは、きわめてシンプルです。シンプルですが、簡単ではありません（簡単なことではなく、正しいことをするのが、秀でるということです）。人生で最善のことを成しとげるには、努力と献身と自制が必要です。

わたしの友人でビジネス・コンサルタントのニド・クベインは、かつてこういいました。

「自制の代償は、つねに後悔の痛みより小さい」

もちろん、すべてとてもわかりやすく見えます。でも、もっともわかりやすいものは、いちばん忘れやすいものでもあります。

ポイントメモ

20

〝見えないフェンス〟を疑う

ゼネラル・エレクトリック（GE）社の高い潜在能力をもった従業員グループに話をしたことがあります。肩書なしで導くことについて。超一流をめざすことについて。彼らのするあらゆることにおける、まぎれもない偉大さについて。

講演のあとで、なぜわたしたちの多くは生活の中心になる部分でこぢんまりふるまってしまうのか、ということについて考えました。なぜ、変化を避けてしまうのか。なぜ、イノベートして、一人ひとりがもっている創造的な才能を発揮しないのか。なぜ、人生の使命を甘受しようとしないのか。なぜ、わたしたちの多くは非凡であろうとしないのか。どんな答えが浮かんだと思います？

見えないフェンス。

つまり、こういうことです。

よく、田舎をドライブします。新鮮な空気を吸い、気分を一新し、考えるために。

だれかの家の芝生に、犬の訓練をする会社の看板が立っていて、〝電気ショックの見えないフェンス〟について書いてありました。犬が越えることのできない、見えない境界線をもうけるシステムです。最終的にフェンスがなくなっても、訓練された犬は、そこより外へ行かないようになります。犬は想像上の限界をもうけて、それが現実だと決めてかかるのです。

わたしたちにもおなじようなことが起きます。成長期に、まわりの世界から、ネガティブな考え、誤った前提、破壊的な恐怖を受け入れてしまうのです。そういったものが、わたしたちの〝見えないフェンス〟になります。職場（や人生）でそういったものに出くわすと、思わず身を引いてしまいます。境界線が存在すると思っているのです。だから、なるべきもの、するべきこと、もつべきものから尻込みしてしまうのです。幻想はとても現実的に思えます。でも、そんなことはありません。どうかそれを忘れないでください。

ですから、自分の〝見えないフェンス〟に疑いをもつことをお勧めします。そういったものを意識してください。観察してください。挑戦してください。フェンスが立ちはだかったとき、逃げだすのではなく、意志の力と心の才能で突破するのです。

あなたの人生は創造的な可能性に向かうように運命づけられています。というのも、負けまいとするから、いつまでもひきずってしまうのです。でも、仲よくなってしまえば、乗りこえることができるでしょう。

21 イノベートする

わたしはみなさんに、限界に挑みなさいとそそのかしています。イノベートしなさい。向上しなさい。たずさわっている仕事と、さいわいにもあなたが導いている生活で、つぎなる段階にすすみなさい。ことあるごとに、自分の恐怖に向かって走りなさい（わたしたちが恐れているものの大半は起こりもしない、ということを忘れないでください）、不愉快なものを抱きしめてやりなさい、とけしかけていることもわかっています。

先日、録音スタジオで二日をすごしました。長いあいだ、力強いメッセージをもった音楽をつくりたいと夢見ていたのです。ロー・スクール時代はロック・バンドでギターを弾いていましたし、あのころの熱い気持ちをとりもどしたいと思いました。こういうことばをご存じですか？

「心にある夢を実現する理想的な時期などないだろう」

というわけで、わたしは思いきってやってみたのです。

（あるとき、アル・パチーノがラリー・キングにいいました。「危険を冒さないと、いま以上に大きな人間になれない」）

オレンジ・レコード・レーベルのすばらしい二人のパートナーに働きかけて、わたしの構想を話してみました。どうなったと思います？　〝きいてみないと、わからない〟ものですね。彼らはわたしに契約書に署名させたのです。その場で。

その二日間は、いままで会ったなかで最高に創造的な人たちと、スタジオですごしました。文筆家とミュージシャン。空想家と夢想家。人生をすばらしいものにしようとしている人たちを鼓舞する輝かしい音楽をつくろうとしているわたしを、全員が結束して助けてくれました。真の芸術作品です。わたしは歌まで披露するはめになってしまいました（笑わないでください）。ギターも弾きました。安全な港を出て、ふたたび初心者にもどったのです。

「どうでした？」と、きくでしょうね。

息をのむほどすばらしかったです。うろたえましたが、興奮したし、楽しかったし、うれしかったです。身震いしてしまいました。そして、笑いました。けっして忘れられない体験で、わたしが人生と呼んでいる個人物語の一部になったのです。

ですから、いまいるところから出てください。危険を冒すのです。きいてみましょう。夢見てください。あえてやってみるのです。転びましょう。失敗してもいいではないですか。だれにも、夢は実現しないなどといわせないでください。いつか、人はしたいと夢見ていることをするのです。あなたも。

22 計画を立てて自覚を高める

個人的な計画を立てて、目標を設定することは、けっして魅力的なテーマではありません。でも、それはとても重要で、人生のすばらしい体験の中核をなすものです。コーチしている依頼人のあいだで、わたしはそれを何度も見ています。

多くの時間をついやして、人生の重要な部分がどんなものになるのかに関する見通しを、細部まで明確にします。つぎに、その見通しを手に負えるものにすべく、分析して、つぎつぎに目標を設定した計画が立てられると、毎日これくらいならやっていけると思えるステップとして全体像が見えるようになります。

計画を立てることの最大の効果のひとつは、わたしの体験でいえば、気持ちに与える影響です。

こんなふうに表現してみましょうか。

計画を紙に書き、目標に向かって順番にならべていくことほど、心を集中できるものはあまりありません。そうすることによって、なにがもっとも重要かに関する自覚が高まります。自覚が高まれば、いい選択ができるようになります。いい選択をすれば、まちがいなくよりよい結果が得られます。

ですから、自分に贈り物をしてください。真っ白な紙を一枚とりだし、鉛筆を削りましょう。そして、職場と家庭でなにを創造したいかについて書きはじめるのです。思っているよりずっと簡単でしょう。でも、その結果にはびっくりするにちがいありません。

23
アイディアを定着させる

アイディアには価値がない。

かなりの問題発言ですか? そうかもしれません。でも、わたしは真実だと思います。

多くの指導者《グル》が、アイディアは成功への通貨で、思考がビジネスを推進し、われわれは一日中なりたいと考えているものになる、といっているのを耳にします。でも、わたしにとって、実行をともなわない観念形成はたんなる妄想でしかありません。ことばを換えれば、アイディアというものは、どんなに大きかろうと、行動に移され、生命を与えられてはじめて価値をもつものなのです。

この世界は、自分の偉大さを理解していなかった偉大な思想家に満ちあふれています。彼らは思考には強かったのですが、こと実行に関してはさっぱりでした。そして、その報いとして苦しみました。

ドイツの詩人、ゲーテは、

「**自分にできること、あるいは夢に思い描いていることは、すべて実行に移しなさい。大胆であれば、非凡な能力と不思議な力を発揮できる**」

といいました。

超一流の人びとは、思考と実行の両方をきちんと兼ね備えています。戦略的にすばらしく、戦術的にもめざましいのです。このうえなく創造的で、ものごとを成しとげるのが得意です。

ですから、本気で実行することを考えてください。そう、アイディアを定着させて、仕事や生活を改善するだけの力がある、きわめて想像力豊かな思考の輝きを浴びるのです。そして、自分自身の深奥へ手を伸ばし、なんとしてもそのアイディアを実現するための鍛錬をするのです。なぜなら、行動しなければなにも起こらないのですから。

ポイントメモ

24

〝過程〟を楽しむ

わたしにとって成功とは、最高の価値、最強の信念、最大の夢を映しだす人生を楽しく創造する〝過程にいる〟ことにほかなりません。このメッセージには多くの要素がふくまれているので、分類して、じっくり考えてみることをお勧めします。

自分の思いどおりの人生を創造する〝過程〟に関する部分があります（旅は、じつは目的地に到達することよりすばらしいのです）。〝楽しく〟人生の旅をすることに関する部分もあります。

というのも、本来、人生は楽しむべきものなのです。自分の価値や信念にしたがって生きる要素もあって、それは自分自身に誠実になり、思いどおりの人生を送ることです。夢を追いかける、という側面もあります。それがあるから、毎日、わたしたちはベッドから出て、心を希望で満たすことができるのです。

マーク・トウェインのことばを思いだします。

「いまから二十年後、あなたはしたことより、しなかったことにもっと失望しているでしょう。だから、もやい綱をはずし、安全な港から船出してください。帆に貿易風をとらえるのです。探険しなさい。夢を見なさい。発見しなさい」

それが真の成功です。

25

目的地までの旅に価値がある

俳優のアンディ・ガルシアは、

「目標を追いかけるとき、旅の全体を見失わないことが重要だ」

というせりふをいったそうです。彼のせりふのいいまわしが大好きです。そして、彼のいうとおりです。

どんな結末――生活のためにしていることに驚異的に上達するという結末でも、人生を送ることに長《た》けるという結末でも――へ向かうにしても、旅そのものは結末とおなじくらい重要です（結末以上に重要、とはいいませんが）。

わたしが考えてほしいのは、山を登ることは山頂をきわめることよりはるかに多くの価値を、そして山頂をきわめることとおなじくらいの報酬を与えてくれる、ということです。

どうしてでしょう？　なぜなら、理想へと登っていく道はあなたの人格を形成してくれ、潜在能力を発揮する機会を提供してくれ、どのくらい本気で勝ちたがっているかを試してくれるからです。登りこそ、あなたに教え、あなたを変え、あなたのなかに住んでいる非凡な才能を呼びさましてくれるのです。

あなたは〝偉大さの質〟を伸ばしはじめます。たとえば、忍耐、勇気、回復力、思いやり、理解といった。もちろん、夢に到達すればすばらしい気分になれます。わたしは真っ先にそのことに賛成するでしょう。でも、それは、旅がもたらしてくれるような持続した贈り物を運んできてはくれません。多くを学べるのは、成功している時期ではなく、試されている時期です。

ですから、職場でも私生活でも、めざすところへ向かう途中で、いらだったり、挫折したり、希望を失ったりしたら、まさにいまいるところが最良の場所かもしれないということを思いだしてください。

旅は目的地よりすばらしいものなのかもしれません。

ポイントメモ

26 優雅に危険を冒す

休暇で、子どもたちとイタリアに行ったことがあります。新しい著書にも取り組んでいた時期で、執筆はとても順調でした。くつろいで、元気をとりもどすことができました。人生であのときほどパスタを食べたことはありません。わたしたちのおかげで、近所の軽食堂《トラットリア》は大繁盛でした。

そのとき、子どもたちとわたしは小さなボートを借りて、アマルフィ海岸へ行きました。でも、海岸線を離れず、陸に近いところにとどまって、けっして沖へは出ませんでした。

そのおかげで考えさせられました。クリストファー・コロンブスについて。そして、優雅に危険を冒すことについて。

彼より前のあらゆる冒険家は、海岸を見失うことを恐れていました。既知のものにしがみつき、安全を選んだのです。あえて挑みませんでした。コロンブスは違うことをやったのです。彼は勇敢でした。まっすぐ海に向かっていったのです。海岸線と直角に。そして、新世界を発見しました。たいしたものです。

もちろん、わたしは子どもたちの安全を守る必要がありました。念のためにいっておきます。リーダーそして人間としての偉大さは、時として安全という束縛を離れることを要求します。既知のものを手放さなければならないときもあります。そして、未知に向けて出帆するのです。あらたな方法を試すために。あらたな思考をするために。あらたな行動をとるために。

そして、ほかのみんなが海岸線を離れず、安全にしがみついているとき、海岸線と直角にすすむために。そうです――「変化という紺碧の海」、推移、成長を体験するとき、怖《お》じけづくのはとても人間的です。でも、イギリスのチェスター

行動習慣

フィールド伯爵はこういっています。

「岸を見失う勇気がなければ、新しい大洋を発見することはできない」

ポイントメモ

27

強烈に生きる

　強烈な音楽、濃いコーヒー、大きな夢が好きです。生きいきした日々、情熱的な人びと、最善のものを呼びさましてくれる会話が好きです。明日はない、自分のなかで最善を成しとげる、人生で出会った人びとを本気で愛しているとわかるように愛する、という生き方をしたいと思います。世の中を向上させるために、自分の本分をつくしたいと思います。強烈に生きたいと思います。

　なんと美しいことばでしょう。「強烈」。大容量の人生を生きる。総力をあげる。危険を冒す。向上する。振り返らない。本物になる。偉大になる。

「涙が出そうになるくらいに生きなさい」と、小説家のアルベール・カミュはいいました。大好きなことばです。

確かに、旅を楽しみ、かろやかに歩き、勇気とみごとなやさしさのバランスをとる必要はあります。でも、そういったすべてを、類《たぐい》まれな情熱、雄々しさ、瞳の輝きをもってやってください。強烈にやるのです。あらゆる偉人はそうしています。

ポイントメモ

重要なことに口を閉ざすようになったとき、
わたしたちの人生は終わりはじめる。
（マーティン・ルーサー・キング・ジュニア）

自己満足から「非凡な才能」へ

成長戦略

だれもが自分自身に満足していれば、英雄はいない。

（マーク・トウェイン／アメリカの作家）

28

ひたむきに取り組む

コメディアンのスティーヴ・マーティンが、若手コメディアンたちに忠告したことばがあります。

「無視できないくらいうまくなれ」

すばらしい。

人生はひたむきな人びとに恩恵をほどこします。人生に与えれば与えるほど、人生は返してくれるのです。自分のしていることに長《た》けていて、いつも自分のなかにある才能を探し、非凡をめざしている人が、最後に勝利をおさめないわけがありません。伝説のロック・バンド、ザ・グレイトフル・デッドのジェリー・ガルシアは、かつてこういいました。

「たんにとびきり最高になりたいわけじゃない。自分のやっていることで、オンリー・ワンだと思われたいんだ」

がっかりするときもあるでしょう。だれの身にも起きることです。わたしたちは精いっぱいやって、夢をあきらめず、理想を追いもとめます。でも、なにも起きません。あるいは、起きないように見えます。でも、すべての選択が重要なのです。そして、すべての段階が大切なのです。

人生はわたしたちの予定ではなく、人生自身の予定にしたがって流れます。我慢強くなってください。信じるのです。石工のように、毎日、少しずつ着実に削りましょう。いつか、最後の一打で石が割れて、ダイヤモンドがあらわれます。自分のしていることがとんでもなくうまい、熱心でひたむきな人物は、だれもけっして否定できません。ほんとうです。

スティーヴ・マーティンの洞察は、わたしに強く語りかけます。

「無視できないくらいうまくなれ」

経営学の権威、ピーター・ドラッカーは、ちょっと違う表現で強調しています。

「上達せよ、さもなければ出ていけ」

その哲学を仕事で応用してください。家庭で応用しましょう。コミュニティーで応用するのです。あなたの世界に応用してください。あなたの才能と最高の素質を提供する勇気をもてば、すばらしい報酬がもたらされるでしょう。人生は最後はつねに公正です。ほんとうに。

29 「シンプルさの力」を見直す

わが子たちから学ぶことはたくさんあります。彼らはわたしのヒーローであるだけでなく、二人の最高の教師でもあります。その瞬間をどう生きるかを示してくれ、人生を冒険としてながめるのを手伝ってくれ、どうやって心をひらくかを教えてくれました。そして、「シンプルさの力」について、多くの教訓を与えてくれたのです。

最近のわたしはシンプルづくしです。全員がリーダーになるための——彼らがなにをしていようと、だれであろうと——シンプルなメッセージ。人びとや組織が超一流になるのを助ける、シンプルなアイディアと道具（実際に功を奏します）。

そして、とてもシンプルな生活を送っています（というのも、わたしはじつはとてもシンプルな人間なのです）。シンプルというのは、わたしにとってとても効果的です。

グーグルの共同創業者であるセルゲイ・ブリンは、

「わが社では、成功はシンプルさから生まれる」

といって、みごとに強調しています。

わたしは息子のコルビーのことを思いだしました。

わたしたちはニューヨークへ行ったことがあります。ずっと前から、二人だけで訪れる計画を立てていたのです。彼の十三歳の誕生日を祝うために（子どもがティーンエージャーになれるのは一度だけです）。

わたしたちはソーホーをぶらぶらしました。おもちゃ屋で買い物をし、おいしいランチを食べ、ミュージカルを見ました。貴重な楽しみと忘れられない思い出にあふれた週末でした。父と息子の。

日曜日の夜、家に帰る飛行機のなかで、わたしは息子にききました。

「週末で、なにがいちばん楽しかった?」

息子は黙ってすわったまま、じっくり考えていました。やがて、にっこり笑ってこういったのです。

「パパ、きのう、通りで買ってくれたホット・ドッグをおぼえてるでしょ? あれがいちばんよかったよ」

シンプルさの力です。

30

優位性に集中する

最高の企業は、分岐点――自分たちの競争上の優位性――を知っていて、彼らのどこが特別なのかに世界が気づくまで、その点に集中しつづけます。

ですから、ほかと違ってもかまわないという勇気をもってください。あなたがたずさわっている産業内で、いままでにない価値を創造する大胆さをもつのです。でも、ひときわ創造的になって、つねに向上し、大きく夢見ましょう。

そして、あなたとほかのみんなを隔てているものを理解してください。というのも、あなたのビジネスがなぜ特別であるかをわかっていないで、どうやってほかのみんなにそれを伝えるのですか?

31

人びとのハートを満足させる

影響力のある考えをお教えしましょう。

もっとも重要な競争は、〝財布の中身〟を獲得することではありません（と、わたしのクライアントたちの年次総会でしょっちゅう耳にします）。断じてちがいます。顧客のハートを獲得することが大切なのです。いまのビジネスの世界で、洗練された各社が競うのは、接している人びとの感情をつかむことです。

人は感情を動かされて買い物をします。わたしはコロンビアのコーヒーを飲みます。なぜでしょう？　すばらしい味で、しあわせな気分にしてくれるからです。

わたしは社会的良心がある会社のものを買うようにしています。なぜでしょう？　そうすることで、自分がいい気分になれるからです。

古くてほころびた自分のリーバイスのジーンズが大好きです。なぜでしょう？　リラックスできて、基本を教えられている気分になるからです。すべて、感情の問題なのです。

世界各地の一流ホテルに泊まるのが大好きです。なぜでしょう？　わくわくさせてくれるからです。そして、特別な気分にさせてくれます（またしても、この気分ですね）。

顧客の頭とつながるだけなら、あなたの生産物やサービスはたんなる商品と見なされるかもしれません。競争相手がもっと安い価格で参入してきたら、客離れが起きるでしょう。でも、顧客のハートとつながれば、生涯にわたって引きとめておくことができます。すばらしいビジネスを展開しているところの顧客は、たんにそこが気に入っているのではありません。そこをたまらなく愛しているのです。だから、長続きするのです。

32 きき上手になる

やってみないと、わかりません。ほしいものをくださいということには、すさまじいパワーが潜んでいます。たいてい、わたしたちの内なる雑音が、独自の偉大さへたどりつくために必要なその手段に待ったをかけているのです。想像上の産物――その多くはでたらめです――のせいで、情けない状態から抜けだせないのです。

最高に輝いている人びと、栄光に満ちた人生を送っている人びとは、猛烈にききます。彼らは、その習慣はみがかないと輝かないことを知っています。きけばきくほど、はやく手に入ります（あらゆる技術とおなじように）。

だから、彼らはききます。職場で必要な支持と支援をください、と。家庭で得たいと思っている理解がほしい、と。商売に必要な勝利をください、と。お気に入りのレストランで、もっといい席はないのですか、と。チケットが売り切れているコンサートで、もっといい席はないのですか、と。

人より多くきくから、彼らは人より多く手に入れます（成功とは、つねにナンバーズ賭博《とばく》のようなものです）。

きかないかぎり、なにも起こりません。みんなは読心術者ではないのです。彼らはあなたにとってなにが意味があるかを知る必要があります。あなたが上手にきけば、イエスといってもらえるかもしれません。

33 細部に注意を払う

さて、すばらしいリーダーになるのであれば、靴はぴかぴかである必要はありません。でも、忘れないでください、リーダーシップは地位に関するものではなく、在り方なのです――正確にいうと、肩書なしで導くことです。

リーダーシップとは、自分自身を超一級にたもち、個人的な責任をとって（犠牲者を演じるのではなく）、自分が影響をおよぼせる範囲内で卓越し、美しい人間関係をきずき、みずから手本となって他者を高めることです。このページの要点はシンプルです。ささいなことのやり方で、大事なことのやり方がよくわかります。あまり重要でないことを追求しているとき、あきらめて平凡に走ってしまうと、重要なことの追求でも平凡になってしまいます。

あなたの庭や家がきちんとしていれば、きっと生活もきちんとしているにちがいありません。友人の誕生日をおぼえていたり、会うたびに礼状を書いたりするくらい細部への気配りができれば、あなたはもっと大きなプロジェクトやチャンスがきても、こまかい配慮ができるでしょう。

職場にしみひとつなければ、あなたが顧客のためにしている仕事も、おなじ美点へのこだわりを反映する可能性はおおいにあります（トイレの清潔さで、その商売に関する多くのことがわかります。汚れひとつないトイレは、〝わたしたちは気にかけています！〟と叫んでいますし、気にかけているということは、すばらしいサービスが期待できるわけです）。

ですから、細部に注意を払ってください。小さなことに焦点を合わせるのです。ＯＡＤ（細部への極端な配慮《オブセッシブ・アテンション・トゥー・ディテール》）に取り組みましょう。超一流の人間と組織は、つねに実践しています。というのも、ささいなことがじつは大事なのです。

34 アイディア工場になる

ひとつの野心的な構想が人生を——そして、まわりの世界を一変させることがあります。すべてを変えるのは、たったひとつの天才的アイディアです。

ニューヨーク近代美術館の建築・デザイン部門の学芸員、パオラ・アントネッリが書いた『Humble Masterpieces: Everyday Marvels of Design（質素な傑作たち・日々のデザインの驚異）』というすばらしい本を読み、ある短い章のなかで、ダニエル・カドジックというデザイナーのことを知りました。

毎年、何十億個と製造されているすべてのアルミ缶についている金属のステイオン・タブ（はずれない蓋）を発明した、輝かしい夢想家です。彼が発明するまで、ひっぱってはずされた蓋は捨てられていたので足をけがするだけでなく、厖《ぼう》大《だい》なごみが生じていました。たったひとつのアイディアが、そういったすべてを変えたのです。

ある晩、二人の子どもといっしょにテレビを見ていたカドジックは、その構想を思いつきました（最高のアイディアは、いちばん思いがけないときに浮かびます。もっとも革命的な思考は、熱狂的なペースを続けているときには訪れず、楽しんでいるときにやってくるのです。だから、おおいに楽しんでください——精神だけでなく、ビジネスにとってもいいことです）。

そのアイディアが消えてしまうにまかせず（わたしたちのほとんどがそうしてしまいます）、彼はそれを書きとめて、スティオン・タブの図を描いたのです。すぐに製図工にわたすと、彼らはさっそく試作品をつくってくれました。

どうなったと思います？　うまくいったのです。それを知って、わたしはある提案を思いつきました。

アイディア工場になってください。もちろん、野心的な構想に魂を吹きこむためには、情熱的に打ちこんで、ほぼ完璧に実行する必要もあります。そのふたつを結びつけられれば、きわめて貴重なものが生まれるかもしれません。そうなったら、すばらしくありませんか?

成長戦略

ポイントメモ

35

正しい質問をする

問題や難局のてっとりばやい解決法は、的確な質問をすることです。正しい質問は、かならず正しい答えへと導いてくれます。質問が重要なのです。ビジネスですばらしい実績を残す人びとは、正しい質問にたどりつくことにみごとなほど長《た》けています。

正しい質問をすれば、目的地にはやく到達できますし、見つけなければならない行方不明の断片が手に入ります。人生において、効果的な質問を自問自答すれば、旧来の方法にしばられていたときには見逃していたかもしれない、まったくあらたな可能性がすんなり手に入ります。いわゆる失敗のなかで教訓を学ぶように。つまり、機会は挫折のなかにひそんでいるのです。

リーダーシップ開発作業で、わたしたちがクライアントに投げかけている六つの質問があります。それらを書きとめたら、きょう、時間をつくって、自分の日誌に答えを書いてみてください。

成長戦略

＊ 実行すれば、仕事のやり方（と生き方）をおおいに改善してくれそうなひとつのことはなにか？
＊ これから九十日のあいだに、仕事でも私生活でもいまが最良の時期だと感じるためには、なにが起こる必要があるのか？
＊ だれに感謝をあらわせばいいのか？（長いリストをつくってください）
＊ 仕事と私生活において、なにを改善したいのか？
＊ いまは感謝していないなにに感謝できるか？
＊ 退職記念パーティーで、どんなふうに記憶にとどめてもらいたいのか？

きょうをすばらしい一日にするつもりでしょうから、わたしからお気に入りの引用をお教えしましょう。マーク・トウェインのものです。

「だれもが自分自身に満足していれば、英雄はいない」

ポイントメモ

36 言い訳はやめる

「仕事では向上できない」

「運動する時間がない」

「むずかしすぎるし、怖すぎるし、非実用的すぎるから、このプロジェクトはできない（あるいは、あの夢は実現できない）」

あれこれ言い訳をするのは、とても人間的なことです。言い訳をしようとすればするほど、ますます言い訳に支配されるでしょう。いらないものを育てるのはやめませんか。手放すのです。そして、力を手に入れてください。

「失敗すると四千万もの理由がいえる──だが、たったひとことの謝罪すらない」

と、小説家のラドヤード・キップリングはいいました。成功する人たちは言い訳をしません。結果を出します。言い訳という基礎のうえに、すばらしい人生が建ったためしはありません。ですから、言い訳はやめましょう。そのほとんどはみずから創った妄想で、するのを恐れていることを避けるように意図されています。そう、あらゆる言い訳の下には、恐怖があるのです。変わることへの恐怖。無知への恐怖。失敗への恐怖。成功への恐怖。

きょうは、あなたが言い訳へ通じる橋を燃やす日になりえます（どうぞ、そうしてください）。きょうは、人生の踏みならされた安全な道をちょっと外れたところにある、可能性に接近する日になりえます。きょうは、あなたが肩書なしで導く日になりえます。そして、あなたの真の偉大さにアクセスする日に。

37 功績を気にしない

「それがだれの功績とされても気にしないのであれば、一生のあいだにはどんなことでも達成できる」


と、ハリー・トルーマン元大統領はいいました。すばらしい考えです。

きょう、仕事に行くとき、玄関の前にエゴを置き去りにして、りっぱな仕事だけをしてください。いいことが起きるでしょう。あなたにとって。

称賛をもとめ、認められたがり、喝采《かっさい》をほしがるのはとても人間的なことです。

だれもが、同僚から高く評価され、一族から尊敬されたがります。でも、リーダーシップとは、たんに他人からよく見られようとするだけのことではありません。大義を象徴することなのです。

パブロ・ピカソはこういっています。

「きみの人生のきみの仕事。それは究極の魅力である」

リーダーシップとは、自分のすることにＢＩＷ（世界一《ベスト・イン・ザ・ワールド》）でいることです。見いだしたときより人びとを向上させることです。りっぱに成しとげられた仕事がだれの功績かを気にしたりしないことです。

傑出している人びとはかならず気づかれます。ことわざのいうとおりです。

「クリームはかならず上にあがる（優秀な人材はおのずと頭角を現す）」

成長戦略

最高のものはかならず明らかになります。そして、偉大な人びとを隠しておくことはできないのです。

ポイントメモ

38

「責任メーターの針」はまんなかに

メーターがついているダッシュボードを思い浮かべてください。メーターの片方の端には〈自由〉、もう片方の端には〈責任〉ということばが書かれています。わたしにとって、リーダーであり、すばらしい人生を送るということは、そのふたつのあいだで微妙なバランスをとることを意味しています。ことばを換えれば、責任メーターの針はまんなかに位置しているべきです。理想をいえば。

人生はすべてバランスです。あらゆる均衡点でもっとも重要なもののひとつは、自由と責任がふくまれているものです。

そう、自由にやってください。その瞬間を楽しむのです。はげしく情熱を燃やしましょう。すばらしい時をすごしてください。いまを生きましょう。でも、責任を負ってください。目標を設定するのです。約束は守りましょう。大切なことは成しとげてください。義務をはたすのです。

あなたの生活は、たったいま、責任メーターのどこを指していますか？　自由を満喫しすぎて、超一流の経歴や日々をきずくために必要なことをする時間が足りないのではありませんか？　あるいは、その逆であるとか。両極端は不均衡を意味します。

そこで、すばらしいアイディアをお教えしましょう。メーターの針がまんなかを指すようにしていればどう見えるかを考えてください。というのも、よりよい自覚はよりよい選択をうながすからです。そして、よりよい選択はよりよい結果を生みます。

39

愛想よくする

質問したいことがあります。どうして、職務内容説明書に〝きわめて愛想がいい〟という記述を見かけないのでしょう？　そういった説明書には、毎日終わらせるべきことがたくさん書かれていますが、〝愛想がいい〟ことはたんなるアクセサリーのようです。付け足し。補足。よく理解できません。

愛想のよさは、いろいろな意味で、超一流のビジネスにはけっして欠かせないものだと思います。チームメートに愛想よくすれば（彼らは毎日、職場にくるのが楽しくなるので）、すばらしい人材を魅了して、いつまでも辞めずに残ってくれます。

納入業者に愛想よくするのは（彼らはあなたのためにに最善をつくしてくれるので）、経営にとってはすばらしいことです。

顧客に愛想よくするのは（彼らはまたきてくれるので）、忠実で熱心なファン集団を育てる最良の手段です。愛想こそ、不朽《ふきゅう》のビジネスをきずくものなのです。

例を挙げましょう。

きのう、地元のデリカテッセンに行きました。ランチで、タンパク質と野菜をとりたいと思って。いつになく創造的なモードだったので、脳に十分な栄養を与えてやりたかったのです。ターキー少量とサヤエンドウのサラダを注文することにしました。

カウンターのなかにいた若い女性は、笑顔で答えました。

「ターキーは規則では丸ごと一羽売りなんですが、切り分けてもいいかどうか確かめてきます」

一分後、わたしはひと切れのターキーを手にしていました。彼女はウインクとともに、こういいそえたのです。

「最高の調味料付きのものをさしあげます――きっと気に入りますよ」

それだけではありません。彼女はわたしを助けてくれました。わたしをうならせました。驚くほど親切でした。おかげで、とても気持ちのいい特別顧客サービスを体験できました。というのも、彼女が並みはずれて愛想がよかったからです。

きょう、どこでランチをとったと思いますか？　またあの店に行ったのは、ほとんどの人とおなじく、わたしは手厚くもてなしてくれる人たちと取引をするからです。

愛想のいい人間の成功を助けたくない人はいません。愛想のよさは、わたしの忠誠心を手に入れました。ふたたび足を運ばせました。伝道者を生みだしたのです。

超一流のビジネスにとって、愛想は大切です。ですから、ＪＢＮ（愛想よくしましょう《ジャスト・ビー・ナイス》）。毎日。

つらい体験から「英知の発見」へ

楽観主義

人生には、学びたくない教訓がたくさんあります。だれかにそれを話しても、相手が賢くなることはないでしょう。つらい思いをしないと英知は身につかないのです。

（ダン・ベイカー／アメリカの心理学者）

40

過ちや失敗は学習の泉

自分が犯した過ちでわが身を責めるのは簡単です。現在を愛し、まばゆい輝きを放つ未来をきずこうとはせず、過去に生きる人びとがあまりに多すぎます。自分のしたことや失敗に、何年もひっかかっている人がいます。悲しむべきことです。人生を浪費するなんて、なんともったいない。

でも、ひとつ質問をさせてください。過ちというようなものが、実際にあるのでしょうか?

そもそも、失敗しよう、だいなしにしようと思ってなにかをする人はいません。わたしたちのだれもが、朝、目をさまし、世の中に出ていって、自分たちの知識、もっている技術、人生という旅のどのあたりにいるかに基づいて最善をつくしているのです。

でも、それはさておき、いわゆる過ちは、じつはどれもこんこんと湧く学習の泉なのです。さらなる自覚と理解を確立し、貴重な経験を積むまたとない機会です。もっともっと向上し、いい気分になり、すばらしい存在になるのを助けてくれる経験を。

あなたの人生で起きたすべてのことは——いいことも、困難なことも——いまのあなたになるために必要だったのです。どうしてそれを悪者あつかいするのですか?

そう、もしかしたら、過ちというものは存在しないのかもしれません。われわれが失敗と呼んでいるものは、じつはオオカミの皮をかぶった成長のための教訓なのかもしれません。そして、もっとも経験豊かな人物が勝利をおさめるかもしれないのです。

41

はやめに失敗する

全面開示します。「はやく失敗する」という表現を使ったのは、わたしが最初ではありません。でも、このことばは大好きです。

コカコーラのCEOは年次総会で、会社はまっしぐらにイノベーションをめざしていて、組織の改革プランには「成長のためのマニフェスト」という文書がふくまれている、と株主たちに告げました。マーケティングとイノベーションで四億ドルの支出が増えるといったあとで――ここが肝心なところ――彼はこう続けたのです。

「失敗もあるでしょう。でも、さらなる危険を冒すとき、それは再生過程の一部

楽観主義

として受け入れなければならないのです」

わたしは「はやめに失敗する」ことの重要性について考えさせられました。ある日、大手製薬会社の販売チームに向けたリーダーシップに関する講演を終えると、ある人物がやってきて、「ロビン、とてもいいスピーチでした。とくに、失敗を偉大さの対価と考えるところは」といいました。

それを聞いて思いだしたのですが、わたしたちの多くは失敗を恐れるあまり、試そうともしないのです。ローマ時代の哲学者、セネカは、「困難だから、やろうとしないのではない。やろうとしないから、困難なのだ」といっています。わたしたちの多くは、失敗して愚かに見えたり、まごついたりするのがいやで危険を冒そうとせず、チャンスをつかみそこなっています。失敗はわるいことだと思っています。そうではありません。むしろ、いいことです。いえ、失敗はすばらしいことなのです。

失敗のない成功はありえません。それはプロセスの一部にすぎないのです。山頂をきわめた会社や人物こそ、もっとも多く失敗しています。勝つためには失敗しなければなりません。だから、はやめに失敗しましょう。競争相手よりたくさん失敗してください。かつての自分より数多く失敗するのです。

ロバート・F・ケネディのことばを紹介しましょう。

「大失敗する者だけが、大成功をおさめる」

ポイントメモ

42 二度目のチャンスは逃さない

まちがいを犯すのはわるいことではありません。人間なんですから。まちがいは学びと成長に有効な方法を提供してくれます。ただし、おなじまちがいを二度以上はしないでください。それでは、役に立つ教訓から学んでいないことがわかってしまいます。人生に耳を傾けていないことがばれてしまいます。まったく注意を払っていないことも。

わたしは『3週間続ければ一生が変わる　Part2』に、トロントのホテルのロビーで、俳優のハーヴェイ・カイテルと知り合う機会を逸したことを書きました。人類学者のカルロス・カスタネダが、目の前にあらわれる〝ごくわずかなチャンス〟と呼んでいるものをつかみそこねたのです。でも、わたしは改善すると誓いました。かならず、と。

そうです、約束を守りましたよ。

わたしはダウンタウンで編集者と会っていました。お気に入りの日本料理店で、手ばやくスシのランチをとっていたのです。となりのテーブルに、だれがすわっていたと思います？

なんと、エリック・クラプトンです。嘘ではありません。

失礼にあたらないときを見計らって（チャンスをつかむタイミングが理想的になることはないでしょうが、彼がテンプラを食べおわるまで待ちました）、こんにちはと声をかけました。

もちろん、心臓はどきどきでした（ご存じのように、わたしはふつうの人間ですから）。そう、断られるのではないかと心配だったのです。

〝でも、やってみなければわからない〟

楽観主義

思いきってやれば、彼と知り合うチャンスがあるのはわかっていました。でも、やらなければ、チャンスはめぐってこないでしょう。だから、わたしは思いきったのです。

最終的には、楽しく話すことができました。とても面白い人物です。どんな会話もそうですが、今回の会話も、なんらかのかたちでわたしという人間をつくりあげてくれるでしょう。

日々、人生はあなたに、学び、成長し、自分の最善のものに取り組むチャンスを与えてくれます。そういった機会を見逃さないでください。二度とめぐってこない機会もあります。後悔するようなことになったら、それは自業自得です。

43

人生の難題は「進化の天使たち」

あるアイディアが浮かびました。聞いたことがあるでしょうが、いいアイディアは、聞けば聞くほど、それを完璧なものにしたくなります。影響力のある本を二度三度読むのとおなじです。あらためて読むたびに、新しい本を読んでいる気分になります。

本が変わったのでしょうか？　いえ、あなたが変わったのです。理解力が増したのです。世界観がひろがったのです。洞察を理解する能力があがったのです。だから、その本に書いてある新しい知識のレベルを発見できたのです。ずっとそこにあったものを。以前は、それが見える目をもっていなかったにすぎません。

楽観主義

わたしが強く感じていることを、シンプルな語句で表現することができます。

「進化の天使たち」

天使といっても、かわいいあの天使ではありません。人生の難題を、もっといいこととしてとらえる方法にすぎないのです。難題は災いではなく、むしろ恩恵である、と。なぜなら、そうかもしれないからです。

「進化の天使たち」。あなたのストレスの原因になっているあらゆる人びと、人生における葛藤と難題は、ある種の天使なのかもしれません。あなたが「偉大さのつぎなる段階」へ達するために必要な教えを運んでくる、まさにメッセンジャーにすぎないのかもしれないのです。

気むずかしい同僚は、あなたに理解力を教えにきた一種の天使かもしれません。不快な店員は、あなたが思いやりを示し、意思をかよわせ、自立するのを助けにきたある種の天使かもしれません。ビジネスでの挫折や職業上の失望は、決意と献身をうながすための天使かもしれません。健康の問題は、もっときちんとしたダイエット、定期的な運動、息抜き、瞑想に専念しなさいと、天使のように注意をうながしているのかもしれません。

それぞれの出会いは、あなたが到達すべきすばらしさに案内してくれる決定的瞬間を象徴しています。

「進化の天使たち」。人生でもっともつらいことは、あなたがいつも夢見ている場所へ案内してくれる願ってもないことなのです。あなたをいらだたせ、怒らせ、傷つける人びとやできごとは、職場、家庭、人生で輝くための教えを学ばせてくれる、理想的な教師といえるでしょう。だから、あなたは進化し、成長するのです。

44
つらい体験は重要なことを気づかせる

ある夜、NBCで、俳優のマイケル・J・フォックスがインタビューを受けているのを見ました。彼がパーキンソン病を患っていることは、たぶんご存じだと思います。その病気になると、ほとんどの人はくじけてしまうでしょう。でも、M・J・Fは違いました。

実際、インタビュー中に、パーキンソン病は自分の人生に多くの恩恵をもたらしてくれた、表面的なものをすべて追いだして、英知、理解、愛といったもっと豊かなもののために場所を空けてくれた、と話していました。

影響力のある考えです。人生でもっともつらい経験は、まさにわたしたちを最善へ導いてくれる状況にほかならないのです。楽な時期は、うわべだけの追求や楽しみにおちいりがちです。つらい時期は、わたしたちに深くきわめさせます。意味のないことはかたわらに落ちて、なにが重要かを気づかせてくれるのです。家族、友人、人間関係、世の中に自分の最良のものをさしだすこと、日々の贈り物を楽しむこと、見つけたときより世の中を向上させてから立ち去ること。

あらゆる生命には終わりがあります。どんなに長く生きても、みんなおなじ終点に向かっているのです。だれもがあっという間にちりになってしまうことを思いだせば、いま、あなたをさまたげているもの（たとえば、恐怖、プライド、過去の失望）はすぐに消えてなくなります。そして、輝くべきとき——すばらしい存在になるべきとき——は、いまであることがわかるでしょう。

だから、ありがとう、マイケル・J・フォックス。勇気とリーダーシップを示してくれて。正直に話してくれて。あまりに暗すぎる世界の光になってくれて。

45

痛みを経験した人は英知を得る

キャニオン・ランチ・リゾートで〈人生強化プログラム〉の理事をしている、心理学者のダン・ベイカーが書いた『What Happy People Know（しあわせな人びとが知っていること）』を再読しています。楽観主義と、人生の試練を優雅にあつかうことについて、彼がなんといっているかをお教えしましょう。

若いとき、生まれたばかりの彼の子どもが亡くなりました。彼は打ちのめされ、暗い絶望の淵に沈みました。著書のなかで、彼は難局をとおして学んだ教訓について書いています。

「わたしは楽観主義のなんたるかを学びました。そのできごとが痛ましければ痛ましいほど、学ぶ教訓は深くなるのです。人生には、学びたくない教訓がたくさんあります。だれかにそれを話しても、相手が賢くなることはないでしょう。つらい思いをしないと英知は身につかないのです」

深遠なことばです。わたしたちの心をずたずたにするものは、まさにわたしたちの心をひらいてくれるものなのかもしれません。痛みはとても役に立ってくれます（そこにふくまれる教訓を学ぼうとすれば）。もしかしたら、人生は最大の機会を与えてくれる最高の難題なのかもしれません。

46
苦しいできごとは成長のための教師

刺激的な引用を読んだばかりです。

「成長こそ生の唯一の証《あかし》である」

イギリスの神学者、ジョン・ヘンリー・ニューマンのことばです。わたしが成長の概念をあがめているのはご存じだと思います。だから、わたしたちはここにいるのです。たずさわる仕事、とる行動、導く生活（忘れないでください、生活はただ送るのではなく、導くものです）を通じて、成長し、発展するために。

成長は大切です。最終的に、満足感を与えてくれるものです（成長しているときや潜在能力を発揮しているとき、わたしたちはいちばんしあわせなのです）。成長はエネルギーを与えてくれます（不快感をおぼえるときでさえ——ほとんどの成長は、そういうものです）。真のわたしたちをつくりあげるのです。

最高の教師、指導者、ボスについて考えるとき、なにが思い浮かびますか？　いいことばかりでしょ？　その人がうながしてくれた教訓、知識、成長に、あなたは感謝しているはずです。

だったらなぜ、あなたの人生で起きたいちばんつらく、苦しく、いらだたしいできごとに関して、おなじように感じられないのでしょう？　それらは、あなたを形成してきたできごとではないのですか？　あなたの最善最高のものを喚起してくれたのではありませんか？　いまのあなたに到達するために学ぶべきことを教えてくれたのではないですか？

それらも教師だったのです。あなたの個人的な発展を支持してきたのです。あなたの成長を鼓舞してきたのです。
だったら、敬意を払いましょう。だって、あなたが思っている以上に、力になってくれているのですから。

ポイントメモ

47

恐怖を直視する

ＤＮＡレベルで受け入れれば、仕事と生活を根本から変えてくれるかもしれない、すばらしいアイディアがあります。あなたを怖がらせているものにどこまでまっすぐに歩み寄れるかによって、あなたの生活の幅は伸び縮みします。恐怖を克服すれば、あなたは輝くでしょう。恐怖から逃げだすのは、偉大さからあとずさることです。

ＳＦ作家のフランク・ハーバートが書いた〈デューン・シリーズ〉を思いだします。

楽観主義

「わたしは恐れてはならぬ。恐怖は心を殺すもの。恐怖は完全な消滅をもたらす小さな死。わたしは恐怖を直視しよう。それがわたしを横切り、通りすぎるのを許そう。そして、それが通りすぎてしまったとき、わたしは心の目をむけて、その通り道を見よう。恐怖が通りすぎたあとには何もないのだ。ただわたしだけが残っているばかり」

不快で、不安で、怯《おび》えてしまうような状況になったとき、出口ドアのほうへ向かわずに、強さを保ったまま、やるべきとわかっていることをやれば、驚くべきことが起こります。

まず、恐怖のほとんどは幻覚だったと実感できるでしょう。つぎに、あなたの勇気に対して、ある種の予想外の報酬が手に入ります。というのも、あらゆる恐怖というドアの向こう側にはすばらしい贈り物が待っていて、そこには人間的な成長、自信、英知がふくまれているのです。

わたしはこの目で何度も見てきました。それは生命の法則なのでしょう。ですから、恐怖に向かって走っていってください。小さなことから始めましょう。ゆっくり、着実にすすめば、つねにレースに勝てます。そして、まさにあなたが受けるに値する成功が姿をあらわすのを見守るのです。あなたがそれをもっとも必要としているときに。

ポイントメモ

48

最善をつくし、あとはまかせる

わたしの人生の核となる原則のひとつに、成功とは、ものごとを起こさせることと、ものごとが起きることのあいだで微妙なバランスをとった結果である、というものがあります。

そう、われわれには目標を設定し、自分の潜在能力を理解して、最善をつくすという責任があります。自分の役割をはたす必要があるのです。身をささげてすばらしいことをしている人びとには、かならずいいことが起きます。

でも、ことの成り行きにまかせるという、ゆるやかな対応も必要ではないでしょうか。

ことばを換えれば、最善をつくし、あとは人生がやってくれるにまかせるのです。

人生はつねにあなたをよりよい場所へ導いてくれます（そうは思えないときでさえ）。わたしは人生が導くにまかせることの大切さを学びました（学びにくい教訓であることはわかっています。わたし自身、いまだに取り組んでいるのですから）。

結果を出すためにできるかぎりのことをして、それでも計画どおりにいかない場合は、あまりがんばらないようにしてください。リラックスするのです。なにもまちがっていないのかもしれません。タイミングがよくないのかもしれません。あなたの欲していたことは得策ではなかったのかもしれません。

ひとつのドアが閉まっているように見えても、じつはべつのドアが開いているのかもしれません。

最善と考えていたことを手放してみると、もっといいものがやってくるスペースが生まれることもしばしばです。なぜなら、あらゆる終わりは真新しい始まりを迎え入れるのですから。

楽観主義

ポイントメモ

49

楽観主義は人生に不可欠な道具

『フォーチュン』誌で、大勢の若者たちと船旅をするリチャード・ブランソンの記事を読んだことがあります。

筆者のデイヴィッド・カークパトリックは、ヴァージン・コングロマリットの創設者、リチャード・ブランソンについて、彼は食べ物からスポーツにいたるまで、だれとでも、ほぼ何についても語ることができる、と書いていました。でも、彼がいちばん魅せられたのは、まわりに影響を与えやすいブランソンの元気でした。ブランソンは終始上機嫌だったようです。

ニューズ・コーポレーション社のある管理職は、同意してこういいそえていま

楽観主義

した。

「それが、ああいった大立者たちに共通することだと気づきました。ほとんどいつも、彼らはその部屋にいるいちばん楽観的な人物なんですよ」

興味深いことです。

そこから得られる教訓は、楽観主義はうわべだけのものでも、軟弱でも、退屈でもないということです。そうではなく、真の非凡さ――そして、完璧な人生にたどりつくことに集中している人間にとって、不可欠な道具なのです。

敢然《かんぜん》と立ち向かい、危険を冒し、夢見る人びとに、日々は難題をもたらします。偉大になることに集中しているのであれば、それはゲームの一部にすぎません。部屋中でいちばん楽観的な人物になれば、いずれほかの人たちをしのげるでしょう。そして、あなたがいつも行きたがっている場所へ到達できます。

50

陽気で冗談好きになる

わが娘のビアンカは、賢くて、すばらしくて、陽気な子どもです。大人になったら、パンク・バンド、グリーン・デイのドラマーになりたいと思っています。彼女は愛犬のマックスが大好きです。ビアンカが笑うと、世界中がいっしょになって笑います。大きな声で。

そして、わたしと彼女は楽しい会話をかわします（わたしは子どもたちと話をすることに多くの時間をついやします。子どもたちといるときは、携帯電話のスイッチをきります）。

彼女は、かっこいいと思っているクラスの男の子の話をしてくれます。彼らは

楽観主義

ビアンカを笑わせるのが大好きで、彼女が元気で積極的なことをわかっています。やがて、彼女がいったひとことに、わたしは大笑いしてしまいました。

「パパ、みんながいうんだけど、あたしは冗談好きなんですって」

さて、ひとつ質問をさせてください。あなたはどのくらい冗談好きですか? 最後にだれかに涙が出るくらい大笑いさせられたのはいつですか? どのくらい頻繁に、くつろいで腰をおろし、人生をおもしろがってくすくすと笑いますか? ――たとえそれが面倒な事態でも（人生は時として面倒なことになりますね。面倒を愛してください――もっとも貴重な成長は、そのなかにひそんでいるのです）。

わたしたちのなかで最高の人たちは、あまり真剣に考えすぎたりしません（自分が真剣に考えすぎたら、だれもあなたのことを真剣に考えてくれないでしょう）。彼らは最善をつくし、あとは人生がやってくれるにまかせます。人生には人生の知性があるのです。

ですから、冗談好きになりましょう。肩の力を抜いて。そう、超一流をめざすことに変わりはありません。でも、その意欲を、陽気なお楽しみ感覚とうまく調和させるのです。人生はゆるやかにつかみましょう。あらゆる挫折には、もっとすばらしい機会の種がふくまれています（それがわかるまで、わたしは四十年以上かかりました）。そして、人生はきびしい試練を受けるようにつくられているわけではありません。純粋な喜びを味わうようにつくられているのです。

ポイントメモ

51

“完璧な瞬間”を楽しむ

きょう、完璧な瞬間がありました。

千人の前でスタンディング・オベーションを受けたわけではありません。出版社から電話でいい知らせがあったのでもありません。『フォーチュン五〇〇』にのっている会社から、リーダーシップの講演やコーチングに関する予約が入ったわけでもありません。そうではなく、けさ、わが人生でもっとはるかに重要なことが起きたのです。信じがたいくらい基本的なことでした（人生における最良のものとおなじように）。

オフィスの駐車場で車からおりたとき、わたしは空気に漂っているすばらしい香りに気づきました。みごとな香《かぐわ》しさでした。あまく、思わず息をのんでしまうほどの。

見まわしてみると、赤とピンクの花が咲き乱れた木の下に車を駐《と》めていたのです。春がはじけ、木が魔法をふりまいていました。わたしはその場に立ちつくしました。目を閉じ、香りにすっかり魅了されてしまったのです。そして、その瞬間に、生きていることに感謝しました。

確かに、いろいろ難題を抱えていました（抱えていないのは死んだ人だけです）。確かに、人生はつねにもっといいものになりえます。でも、しあわせとは、平衡感覚とバランスのとれた視点を獲得することです。そして、だれにもたくさんの人生の恵みがあります。たとえば、わたしたちを愛してくれる人びと、日々に意味を与えてくれる仕事、健康な子どもたち。テーブルにのっている食べ物や、ものを見られるふたつの目といったシンプルな贈り物。そして、駐車場の〝完璧な瞬間〟。

楽観主義

人生はとても短いものです。そう、すばらしい業績に集中し、大成功にたどりつくのは大切なことです。あなたが成功をどう定義していようと。でも、おなじように大切なのは、その道のりを楽しむことです。

笑う。楽しむ。冒険をする。そして、〝完璧な瞬間〟を見逃さない。たいていの場合、お金はかかりません。しかも、目の前にあります。きょう。あなたがそれを探す時間をつくりさえすれば。

ポイントメモ

52

心躍る選択をする

人間の特徴のなかでいちばん重要なのは、選択しなければならない力です。どう生きるかの選択。なにをするかの選択。状況をどう見て、どう考えるかの選択。

短いスキー旅行で、子どもたちと山に行ったときのことです。雨でした。不満をこぼすこともできました。文句をいってもよかったでしょう。いらだってもおかしくありませんでした。でも、そうはせずに一歩さがって考え、よりよい選択をしようと決めて、すべてを大冒険と見なすことにしたのです。

うろたえるのをやめて、心を躍らせました。リゾートが提供してくれたビニールのレインコートを着て、明日などないかのように思いきりスキーをしたのです。

どうだったと思います？　なんと、びっくりするほど楽しかったのです。雪はふわふわでした。まったく混んでいません。爽快にすべれました。わたしの笑顔が消えるまで、一週間はかかりました。

毎日、わたしたちには選択する機会があります。どう選択するかで、運命が決まります。ですから、うろたえないでください。心を躍らせましょう。『鉄道大バザール』を書いた旅行記作家のポール・セルーは、かつてこういいました。

「愚か者だけが雨の休暇を非難する」

53

人生の「楽しいあいまいさ」を信じる

シリウス衛星ラジオ局の番組に出演したときのことです。司会のジェシー・ディラン（ボブ・ディランの息子）が、思慮深い質問をしました。

「ロビン、わたしたちのだれもが、目標と野心をもっています。でも、計画どおりにいかないときもありますよね。どうやって引きぎわを知るんですか？」

わたしは正直に答えました。

「そのときになればわかるでしょう」

職場でも私生活でも、絶対にあきらめないように心がけないと超一流にはなれません。あらゆる英雄的行為は、失うことを拒んだ人間によって成しとげられて

楽観主義

きたのです。彼らはあきらめませんでした――事態がいかに理不尽で、御《ぎょ》しがたく、非現実的であろうと。

でも、そうはいっても、人生はしばしば不意をついてきますし、計画どおりにいかないときもあります。卵巣がんのため四十二歳で亡くなったコメディアンのギルダ・ラドナーは、じつにうまく表現しています。

「わたしはとてもつらい体験をして、韻《いん》を踏んでいない詩もあれば、はっきりした冒頭、中間部、結末のない小説もあることを学びました。人生ではなにが起きるかわからないので、そのときどきで、どうなるかわからないまま、いろいろ変えなければなりません。なんと楽しいあいまいさ」

わたしたちはなにかが起こり、夢が実現することを待ち望みます。でも、どんなにがんばっても、雲は去ってくれません。運をつかめません。幸運はほほえんでくれません。暗闇のなかで、信念だけを糧にがんばりつづけます。

それでいいのです――あなたの心の奥底で炎が赤々と燃え、全身全霊が続けろといっているかぎり（自己への信頼は、偉大さの証明です）。

でも、ときには、戦略を変えるべき時期を見きわめてください。それは希望をなくすことではありません。いいですね。それは人生を信じることです。もっとすばらしいものが待っていると信じることです。軌道修正すべきときなのです。

ここ何年か、わたしはべつのところでお教えした、きわめてシンプルな哲学にそって生活しています。最善をつくし、あとは人生がやってくれるにまかせる。望んでいるものを手放すのは、容易なことではありません（どんなにつらいか、わかります）。

でも、角をまがったところにもっとすばらしいものが待っているのであれば、手放してみてもいいのではないですか。

さめた関係から「尊敬と感謝の関係」へ

人間関係

あまりにしばしば、わたしたちは触れることの力、ほほえみの力、親切なことば、相手の話を聞く耳をかろんじてきました——そういったすべては、人生を一変させる可能性をもっているのです。

(レオ・バスカーリア
『葉っぱのフレディ』の著者)

54

刺激的な友人を多くもつ

いいでしょう、これはあなたを刺激し、あおり、怒らせるかもしれません（そうなったら、わたしは目的をはたしたことになります）。というのも、わたしたちは可能性を伸ばしてくれる知識と経験を通じて成長します。そして、わたしはあなたが偉大さへ向かって成長するのを手助けしたいだけです。

その知識は、あなたをうながして、ＳＨＫ（既知の安全な港《セイフ・ハーバー・オブ・ノウン》）を離れさせてくれる人たちと親しくすることの大切さに重点をおいています。どうして、可もなく不可もない職場の人たちと時間をすごすのですか？　私生活で、なぜ平凡に身をまかせている友人をもつのですか？　わたしたちは、いっしょにコーヒーを飲む人たちのようになります。親しくしている人びとのようになるのです。

説得力のある考えをお教えしましょう。あなたはもっとも長くいっしょに時間をすごす五人とそっくりになるでしょう(びっくりしないでください)。ですから、職場でも私生活でも、インスピレーションを与えてくれる人たちとつきあうことをお勧めします。あなたを向上させてくれる人たち。あなたをもっと非凡で、頼りになって、忘れがたい(そして、愛情に満ちた)存在にしてくれる人たち。超一流になることに、心の底から専念している人たち。そして、いちばん重要なのは、ことなる目で世界を見ている人たちです。

彼らはあなたを刺激するでしょう。追いこむでしょう。そして、怒らせることもあるかもしれません(そうなったら、すばらしい)。

これを実践すれば、とても役に立ちます。だから、あなたは成長します。修得しようとします。進化します。だから、いままでとは違うあなたになれるでしょう。

55

フェンスではなく、橋を架ける

ＶＩＰ（とても面白い人物《ベリー・インタレスティング・パースン》）と話をする機会がありました。三十二歳。カリブ海育ち。フェンス職人ですが、本質は哲学者です。

最近はだれもがフェンスをつくることに夢中になっている、と彼はいっていました。隣人をさえぎるために。自分自身を隔離するために。プライバシーを守るために。そして、切り離すことをうながすために。

「ぼくは西インド諸島のセント・ヴィンセントで育ちました」と、彼はいいました。

「小さな島ですから、ひとつの大きな家族のようなものです。実際、それぞれの子どもはひとつの村単位で育てます。だれもがおたがいに話しかけるんです。気にかけています。われわれはおたがいの生活の一部――ほんとうのコミュニティーなんです」

コミュニティー。美しいことばです。わたしたち一人ひとりは、心の奥底でコミュニティーをもとめています。みんな、属したがっているのです。より大きな全体の一部であることを知りたがっています。安心感をおぼえるのです。安全。そして、しあわせを。

最高の組織はコミュニティーを育て、従業員が昔のように安心していられる職場をつくります。最高の家庭もおなじことをしています――おたがいに尊敬しあって、共有できる瞬間をたくさんつくっているのです。ですから、フェンスづくりにあまり夢中になるべきではないのかもしれません。そして、ほんとうの治安をきずきはじめましょう――橋を架けることによって。

56

相手の不満を喜びに変える

だれもが争いから逃げます。気分がわるくなるので、争いを避けようとします。なんとか自然に解決してくれることを願います。でも、けっしてそうなってはくれません。それどころか、ひどいけがのように、化膿するだけです（わたしたちが抵抗するものは、いつまでも尾をひきます）。

争いに関するわたしの見解はこうです。

争いは、成長をうながし、人間関係を深めてくれる機会以外のなにものでもありません。あらゆる争いには、すばらしい教訓を学び、人間として成長する機会が内包されています（理解、自覚、視点において）。そして、すべての争いは、相手が愛する人であれ、顧客であれ、その人ともっと親密なきずなを結べる絶好の機会になります。おたがいのために、相手の不満を大きな喜びに変えることによって。

ですから、争いから逃げないでください。面と向かって真実を話す必要があるとわかっているとき、eメールを送ってはいけません。リーダーシップは、思いやりと勇気のバランスをとることです。面倒くさいと感じるかもしれませんが、争いはじつは贈り物なのです。受け入れましょう。内包されている可能性を楽しんでください。祝うのです。きっとおおいに役立ってくれるでしょう。

57

気持ちをかよわせる

リーダーシップは人間関係とおおいに関係があります。真のリーダーは、しっかりとつきあいの環《わ》をひろげて、目的地へ行くのを助けてくれる、チームメート、納入業者、顧客からなる信頼できるコミュニティーをきずきます（そしてこんどは、彼らがお返しをするのです）。きわめて優秀なリーダーは、どうつながればいいかを知っています。とてもよく。

香港からの帰国便に乗っていたとき、わたしは携帯情報端末でブログを書いていました。感じのいい客室乗務員は、旅のあいだじゅう、乗客と気持ちをかよわせる方法をあれこれ考えてくれました。彼女はわたしたちの名前をおぼえていました。わたしたちをにっこりさせてくれました。

「なにか召しあがりますか?」とも、きいてくれました。わたしはけっこうですと答えました(機上ではあまり食べないようにしているのです)。そのときの彼女の返事はなかなか傑作でした。

「優雅なサイズの胃をしてらっしゃるんですね」

わたしは思わず笑ってしまい、彼女はなおいっそう忘れがたい存在になりました。ですから、気持ちをかよわせる方法を見つけてください。職場でいっしょに働いている人たちと。いっしょに暮らしている愛する人たちと。人生と呼ばれる旅をともにしている見知らぬ人たちと。職業上の成功を引き寄せるだけでなく、あなたはもっとしあわせな人間になるでしょう。

58

毎日、五人の人の気分をよくしてあげる

通りを歩いていると、ある男が、そばを通る人たちにこんなマントラを繰り返していているのが聞こえてきました。

「きょう、自分以外のだれかを助けましたか？」

彼は金を稼ごうとしていました。自分の大義のために。でも、わたしは与えることについて考えさせられました。得るためには、与える必要があります。与えることは、受けとるプロセスから始まります。

支持されるためには、支持しましょう。褒められるためには、褒めてください。最善を引き寄せるためには、最善を与えるのです。敬意を払ってもらうためには、

敬意を払いましょう。愛されるためには、もっと愛してください。

影響力のある考えをお教えしましょう。毎日、五人の人間の気分をよくしてあげれば、一年後にはだれの手も借りずに二千人ちかい人の人生を向上させることになります。その習慣を続ければ、十年後には、いうまでもなく二万人弱に影響をおよぼすことになります。あなたがふれた人たちが次つぎに影響をおよぼすことを考えれば、〝インスピレーションを与えるという日々のささやかな意思表示〟が、生涯で数十万の人間を助けることは一目瞭然でしょう。

得るために与える。

すばらしい反復句です。しかも、驚くほどシンプル（誠実な考えはみなそうです）。奉仕するリーダーシップ。他人を助ければ、超一流にたどりつきます。そして彼らは、大切に育んでいる理想を実現しようとするあなたに、よろこんで手を貸してくれるでしょう。

59

多く与えれば多く返ってくる

助けてくれた人びとを助けたくなるのは人情です。だれしも、他人になにかをしてもらったら、ぜひお返しをしてあげたくなるでしょう。ですから、わたしは、与えたものは返ってくると思っています。例を挙げましょう。

二十分も遠まわりをして、わたしは車にガソリンを入れにいきました。しなければならないことが山積みで、スケジュールはつまっているのに、なぜそんなことをしたのでしょう？　オフィスから二分のところに便利なガソリン・スタンドがあるのに、どうしてそんな不便なまねをしたのでしょう？　なぜなら、お返しをしたかったからです。わたしによくしてくれた人物に。いい人に。

しばらくまえ、学校まで子どもたちを車で送っていったあとで、タイヤがパンクしていることに気づきました。三軒のガソリン・スタンドに行きましたが、すぐに修理してくれたのは一軒だけでした。

胸にトニーという名前を刺繍したオーバーオール姿の年輩の紳士は、よろこんでわたしを助けてくれました。待っているわたしに、コーヒーまで勧めてくれたのです。修理をしているあいだ、わたしを歓待してくれました。じつに楽しそうに仕事をしていました。肩書のないリーダーです。彼のような人物は、わたしを奮い立たせてくれます。向上したいと思わせてくれます。

わたしは感謝をあらわす機会を探していました。わたしなりの努力をすることで、お返しは始まりました。いずれ、友人たちを紹介するつもりです。彼らは口コミで伝えてくれるでしょう。

というのも、トニーは勝利をおさめるに値しています。だから、わたしは恩返しがしたいのです。

60

謙虚は美しい遺産をつくる

午前四時十五分（一日で最良の時間です）。完璧なコーヒーを飲んでいます。カナダのポップ・パンク・バンド、シンプル・プランの『パーフェクト・ワールド』を聴いています。考えています。人生について、学習について。そして、真の美徳について。すばらしい考えをお教えしたいと思います。

もっとも謙虚な人が、もっともすばらしい。

カナダでいちばん裕福な男、ケネス・トムスンが亡くなったとき、カナダの全国紙のひとつ、『グローブ・アンド・メイル』は、「億万長者の朝食」という見出しで彼の横顔を紹介しました。

習慣になっていたトムスンのブランチの様子が書かれています。「……食事にキャビアのつけあわせが出てくるわけではありません……毎週末、彼は（地元の小さな）レストランにぶらりとあらわれ、十ドル九十五セントのブランチ・ビュッフェを注文します」

いいですね。

インタビューに答えて、レストランのオーナーはトムスンのとてつもない謙虚さについて語っています。

「彼はいつもとても親切でしたが、控えめでした。スタッフと冗談をかわし、自分が何者かをけっして口にしませんでした」

いつも、ビュッフェ・テーブルから自分で料理をとっていました。店に入ってくるときはにっこり笑い、去年のクリスマスには、時間をかけてスタッフ全員と写真を撮りました。しかも、それを現像して、あとでレストランにもどってくると、スタッフ一人ひとりに写真を手わたしたのです。

「いまでは、全員が彼を思いだすものをもっています」

〝彼を思いだすもの〟。忘れがたいことばです。謙虚。美しい遺産を創造するためには欠かせない要素です。

ポイントメモ

61 人生の恵みに感謝する

ＣＮＮの『ラリー・キング・ショー』で、キングがキャロリン・トーマスにインタビューしたことがあります。元ボーイフレンドに撃たれ、顔の大半を失った女性です。包帯を巻き、片目だけ見せてすわっている彼女には、わたしが見たことのない勇気がありました。

わたしは感謝について考えさせられました。いいことを教えましょう。あなたが人生で尊重するものは、価値があがります。あなたが考え、注目するものは、成長します。あなたが感謝するものは、価値があがって、さらにありがたく感じられるようになります。

健康であることに感謝しましょう。家族に感謝してください。自分の才能、友人、仕事、人生に感謝すれば、ものの見方が変わりはじめます。人生の恵み（壊れた個所ではなく）が見えてくるでしょう。

わたしはリストが大好きです。ひとつ提案をします。感謝している五十のことをリストにしてください（そう、五十です）。

最初の十個は簡単でしょう。愛する人びと、仕事、家庭などなど。最後まで挙げてください。掘り起こすのです（真珠は深く潜らないと採れません）。英語（あるいは、日本語、スペイン語、ヘブライ語、ヒンディー語）がしゃべれることに感謝しましょう。一対の目があること、健康な心臓をもっていること、交戦地帯に住んでいないことに感謝してください。

そして、他人に感謝するのです。朝食のテーブルに果物がならんでいるのは、農民の努力のおかげです。車を組み立てている工場の労働者に感謝しましょう。歯みがきを買う店のレジ係に感謝してください。こんどレストランに行ったとき、注文をとってくれる人に感謝しましょう（そうは思えないかもしれませんが、これは人生を変えるようなことなのです）。

感謝の態度。逆境のときに自分のしあわせな点を数えあげる。ものごとをあたりまえと思わない。いま見えているより、感謝すべきものがきっと増えるでしょう。そのことについて考えてください。

心からありがたいと思いましょう。

それから、シート・ベルトを締めます。そして、やってくるものに注意するのです。

62
職場の人びとに敬意を払う

職場での敬意の話題になると、目がどんよりと曇ってしまうことがあります。わかりきった概念なので、話しあう価値すらないようです。あなたが部下を厚遇すれば、彼らは顧客を厚くもてなすことはだれもが知っています。大事にされ、信頼され、尊重されていると感じれば、従業員が秀でることはだれもが知っています。みんな、成長できて、友人がつくれて、自然体でいられる組織内で働きたがっていることは、だれもが知っています。

でも、ほんとうにそうですか？

自明と思われている、この職場での敬意の問題について、シロタ・サーベイ・

インテリジェンス社が三十七万三百七十八人の従業員におこなった調査に関する記事を読みました。どんな結果だったと思いますか？　調査した全員のうち、管理職から〝申し分ない〟レベルの敬意を払ってもらっていると感じている非管理職は、わずか二一パーセントしかいなかったのです。組織における敬意の重要性は、みんなが思っているほど根づいていないのかもしれません。これはまたとない機会です。

その調査の結果、もっとも敬意を払ってもらっていると感じている人びとは、働いている会社にもっとも忠誠心を抱いている人びとであることも明らかになりました。優秀な才能をあつめて辞めさせないことが、成功する要素のなかでいちばん大切である世界においては、さらなる忠誠心を育てるためにできることはなんでもしなければなりません。

というわけで、敬意を払う法則の登場となります。

人びとを厚遇すれば、相手は深く感動します。仕事仲間を特別な気分にさせることは、最優先事項です。なぜなら、彼らは特別な存在なのですから。
ここに、職場で敬意を解き放つために実行可能な戦略がいくつかあります。

＊“お願いします”と“ありがとう”をいってください。
＊時間を守りましょう（時間厳守は偉大な人びとの証《あかし》です）。
＊すばらしい実績をあげた人たちには報いるのです。
＊聞き上手になってください（みんなはあなたを好きになるでしょう）。
＊職場の人たちをコーチして、彼らが潜在能力を発揮するのを手伝ってあげましょう（だれもが向上したいのです）。
＊お礼状を書いてください。
＊虚心坦懐《きょしんたんかい》を心がけ、真実を述べましょう。
＊人びとにかなりの危険を冒す許可と失敗する自由を与えるのです。
＊創造性と確実性を奨励しましょう。

人間関係

敬意を払われていると感じるとき、人は気分がよくなります。そして、気分がいい人は、いいことをするのです。

ポイントメモ

63

相手の話に耳を傾ける

耳を傾けることは、いろいろな意味で、超一流の文化がもっている社会的平等性といってもよく、それはやがて超一流の組織へと発展します。

耳を傾けることは、相手を特別な気分にさせます（才能のある人が組織を去っていくおもな理由は、特別な気分を味わえないからなのです）。耳を傾けることは、尊敬を示します。耳を傾けることは、あなたのするあらゆることを向上させるデータをあつめてくれます。すばらしい業績をあげる人はすばらしい聞き手である、ということです。

きょう一日、耳を傾けるという決意をしましょう（ただ聞くのではなく）。

話の腰を折らないでください。相手が話しているあいだに、頭のなかで答えを練習してはいけません。相手がしゃべっているとき、eメールをチェックしたりしないでください。ひたすら耳を傾けるのです。真剣に。その人のために、そこにいてあげましょう。というのも、だれもが意見をもっていて、わたしたちはその意見を認めてもらいたいのです。

いったん耳を傾けたら、あとはすばらしいことが花ひらくのを見守ってください。

ポイントメモ

64

聞くことは学びと成長の機会

著名なデザイナー、ブルース・マウのとても重要なことばを読んだので、ぜひお教えしたいと思います。

「われわれの活動範囲に入りこんでくるどの共同制作者も、想像したくてもできないくらい奇妙で複雑な世界をもちこもうとする。彼らの欲求、願望、野心の細部や微妙な点に耳を傾けることで、彼らの世界をわれわれの世界のうえに折り重ねるのだ。両者がおなじになることはない」

わたしたちは会話でかたちづくられます。耳にするアイディアや会う人びとに影響されるのです。（いいことを教えましょう。あなたが会うだれもが、あなたの知らないことを少なくともひとつは知っています。彼らからなにも学ばずに、立ち去らせないでください）

仕事でも、私生活でも、人の話に耳を傾けるのは、抜きんでるためのとても重要なスキルです。リーダーは耳を傾けます。驚くほどよく。まさにマウのいうとおりです。意思を通わそうとしている相手の話に真摯《しんし》に耳を傾け、知識を分けあたえてもらうとき、わたしたちは彼らの視点でものを見て、学び、成長し、最良最高へと発展する機会を得ているのです。

ふさわしい人物と、ふさわしいときに話をする幸運に恵まれれば、そのたった一回の会話が、考え方、感じ方、ふるまい方を永遠に変えてくれるかもしれません。彼らの輝くような魅力が、あなたにうつるのです。そして、あなたは変わるでしょう。永久に。

65

相手のなかに最善のものを見る

子どもたちといっしょに、ヒラリー・スワンクが出演している『フリーダム・ライターズ』を見ました。深い感動をおぼえ、涙がこみあげてきました。もっとすばらしい人間になり、もっといいことをして、もっと与えたいと思ったしだいです。ものごとを向上させたくなりました。おおいに。

映画から学んだことのひとつは、リーダーシップは、ほかのだれも信じていないときに、他人（そして自分自身）を信じることである、ということです。映画に登場する子どもたちはギャングのメンバーです。タフな生活を送っています。無慈悲です。

でも、彼らの教師（ヒラリー・スワンク）は、彼らをありのままに見てあげます。打ちのめされ、見放されてきた、賢くて、善良で、思いやりのある人間として。学校は彼らに新しい教科書すら与えようとしませんでした――それに値しないと思っていたのです。でも、彼らの教師は、そんなことはないと思いました。そして、敬意をもって接したのです。自腹で教科書を買ってやりました（そのためにアルバイトのかけもちまでして）。

彼女は彼らをあおりました。褒めたたえました。信じました。すると、彼らは変わったのです。なぜなら、相手の最善のものを見てあげれば、彼らはあなたに最善のものをくれるからです。

わたしはそれが起きるのを世界中で見てきました。人びとを成長させ、尊重し、感動させれば、彼らは不可能を可能にするでしょう。

すばらしい教師として、『葉っぱのフレディ』を書いたレオ・バスカーリアはかつてこういいました。

「あまりにしばしば、わたしたちは触れることの力、ほほえみの力、親切なことば、相手の話を聞く耳をかろんじてきました――そういったすべては、人生を一変させる可能性をもっているのです」

ポイントメモ

66

超一流人の人間関係、七つの原則

生活の質は、人間関係の質にまでおよびます。顧客との関係、納入業者との関係、愛する人たちとの関係、自分自身との関係（そこには将来に向けての大きな考えがあります）。すばらしい人間関係に身をささげれば、一流の人生が手に入ります。偉大な人間連結装置になるのは簡単そのものです。

いいですか、成功とは、みごとなくらい基本に徹することなのです。

以下の七つの原則は、とてもシンプルなのに、じつに深遠です——大いなる真理はみなそうではありませんか？

［原則１］　**相手と会ったとき、こちらから先にハロー（ナマステでも、シャロームでも、オラでも、サラム・マレカムでも、あてはまるものはすべて）といいましょう。**ことばを換えれば、こちらから先に親切にしてあげるのです（みんな拒絶されるのを恐れているので、勇気がいります）。

［原則２］　**おおいに笑顔を見せましょう。**だれかに心をひらかせるには、最良の方法のひとつです。いいですか、会って最初の二、三分で、相手にいつまでも色あせない印象を与えるのです。

［原則３］　**相手を名前で呼びましょう。**これはとても重要です。あなたが気にかけていることを示してくれますし、敬意を払っている証になります。

［原則４］　**話すときは、相手の目を見ましょう。**

［原則５］　**超一流の聞き手になりましょう。**これをきちんと身につければ、〝人間関係のスーパースター〟の肩書が手に入ります。ほとんどの人は相手の話を聞いていません。ほとんどの人は自分に焦点をあてているので、相手と会ったとき

にいい質問ができないのです。聞いて、質問をすれば、謙虚さが示せます。あなたが興味をもっていることを示せます。あなたが夢中になっていること――わが身に夢中になっているのではないこと――を証明してくれます。ほとんどの人は、聞くというのは、自分がことばをはさめるように相手が話しおえるのを待つことだと思っています。

[原則6] 心からの賛辞をおくりましょう。褒めてもお金はかかりません。職場でも家庭でも、相手を褒めたたえ、向上させる機会を逃さないようにするのです。あなたは彼らの内なる最善のものと結びつくでしょう。そうなれば、彼らはあなたに最善のものをくれます。相手を、会ったときよりいい気分にしてから立ち去るのです。

[原則7] 全員を王族のようにあつかいましょう（ほんとうに全員を、です。わたしにはとても感じがいいのに、ウエイターに対して偉そうにされるとびっくりしてしまいます――まったく一貫性がありません）。相手とは一期一会のつもり

で接してください。わたしが仕事から帰宅すると、子どもたちが走ってとびついてきます。毎日。わたしはすっかり王様気分です。

そう、以上の七つのアイディアはとてもシンプルです。この原則を修得すれば、思っているよりはやく山頂にたどりつけるでしょう。偉大さは、基本に精通することから生まれるのです。

ポイントメモ

なりゆき暮らしから「望ましい人生」へ

希望型人生

ほんとうにしあわせになるためには、なり得る最高の人間にならなければならない。

（アブラハム・マズロー
アメリカの心理学者）

67

まねではなく、自分の人生を生きる

この文章を書いているのは、静かな日曜日の朝です。香《かぐわ》しいコーヒーを楽しんでいます。子どもたちは読書をしていて、わたしはスローモーションで動いていています。いうことなし。

ついさっき起きたできごとで大笑いしてしまいましたので、そのことをお話ししたいと思います。

娘のビアンカとわたしは遊んでいました。正確にいうと、役割演技《ロール・プレイング》をして。彼女はわたしに、わたしは彼女になろうとしていました。彼女は書斎にすわって日誌を書き、わたしの口調をまねしていました。つぎにわたしが、犬、ロック・バンド、ヒップホップのCDについてノンストップでまくしたてました。わたしのまねを二、三分したあとで、彼女はこういったのです（嘘ではありません）。

「もうパパになんかなりたくないわ。むずかしすぎるもの。あたしはあたしになりたい」

完璧です。

人生で、自分自身でいること（そして、いまの自分を愛すること）より重要なことはなんでしょう？　ほとんどの人は、結局はほかのだれかが望んだ人生を生きてしまいます。その結果、しあわせを追いだしてしまうのです。充足感は自分に誠実に生きることで得られます。自分の価値にしたがうことで得られます。自分の願望と理想を追いもとめることで得られます。

「おのれに忠実であれ」

と、あのイギリスの賢人、シェイクスピアは書きました。最後になって、ほんとうの自分らしくふるまわなかったことに気づいても、なんの意味もありません。すばらしい人生は本物の人生から生まれます。まちがいなく。

ポイントメモ

68

逆境のなかでも幸運を探す

わたしは、友人のリチャード・カールソンが書いた本を読んでいます。『小さいことにくよくよするな！』の著者で、悲しいことに、すでに亡くなっています。いま読んでいるのは『それでも！ 小さいことにくよくよするな！』で、「レモンの木にオレンジはならない」の項目を読みおえたばかりです。わたしは手をとめ、考えさせられました。

リチャードはこう書いています。

「受け入れるということは無気力な行為に思われるかもしれないが、実践してみ

るとその反対だとわかる。グチを言ったり、口論したり、黙りこんだりするいつもの反応よりもっと努力を必要とする行為だ。
だが、いったん解放感を味わってみれば、相手を受け入れることは第二の天性のようになるはず」

受け入れること。逆境のなかで、一見したところ不幸に見える幸運を探す。どのような状況におかれても、緊張を解いてくつろぐ。人生はほしいものを与えてくれないけれど、必要なものはおくってくるかもしれない、という古いことわざを受け入れる（「ユー・キャント・オルウェイズ・ゲット・ワット・ユー・ワント」の歌詞のとおりです、またしてもありがとう、ミック・ジャガー）。

だれにも、つらい日々やうらぶれた季節があります。それは、あなたもわたしも〝偉大さという学校〟に籍をおいているからです。挑戦、争い、混乱、不確実性は、わたしたちの成長のためにみごとに編成された乗り物なのです。でも、日々

希望型人生

はかならずいいほうに向かうし、季節はつねに変わります。〝現状〟を受け入れることで、苦しい時期は短くなり、楽しい日々は長くなるでしょう。それがわたしの切なる願いです。いつも。

ポイントメモ

69

すべての人生には目的がある

アメリカの刑務所にいる受刑者から、鉛筆書きの手紙を受けとったことがあります。『心のカップを空にせよ！』を読んで人生が変わった、と書いてありました。というのも、本を読んだおかげで、自分は影響をおよぼし、潜在能力を発揮するために生まれてきたことを思いだしたからだそうです。どんな人間になると運命づけられていたかを、彼は忘れていました。なぜなら、人生が彼を痛めつけたからです。徹底的に。

このての話はよく聞きます。人びとは、偉大さをめざすように運命づけられていたと気づかせてもらえば感謝します。地球上に余分な人間などいないと気づかせてもらえば感謝します。すべての人生には目的があると気づかせてもらえば感謝します。

どれも子どものときに知っていたことばかりです。だから、わたしたちは夢を見ました。手を伸ばしてつかもうとしました。恐れを知らずに行動しました。情熱的に人生をすごしました。そして、可能性を信じました。でも、その英知を失ってしまったのです——成長し、さらに遠い世界へ向かい、自分の本質からどんどん離れていくにつれて。

自己改善は時間のむだかもしれません。重要なのは、自己回顧（そして、かつては知っていた輝き・創造性・信頼性・偉大さとの再接続）なのかもしれません。『3週間続ければ一生が変わる　Ｐａｒｔ2』の読者からいただいたたくさんの手紙には、つぎのようなことが書かれていました。

人生はわれわれに忘れさせようとする癖がある。わたしたちは型にはまる。ものごとをあたりまえだと思う。危険を冒さなくなる。山頂をめざすのをやめてしまう。真実を語らなくなる。人生という贈り物をあまり活用しない。

でも、わたしたちは平凡以上のものに値するのです。ふつうの人間でもめざましいことを成しとげられます。自分が何者であるかを思いだすことによって。そして、最善をつくして生きることによって。

ポイントメモ

70 すべては内なる世界から始まる

息子のコルビーを学校まで歩いて送る途中で、道路工事をしている人たちを見かけたことがあります。現場監督にとっては、ついてない一日のようでした。バリケードのせいでなかなか前進しないので、バスの女性運転手はクラクションを鳴らしつづけていました。現場監督はどなり、空中にこぶしを突きあげて、バリケードを蹴とばしました。怒れる男です。

やがて、彼は作業員たちにどなりはじめました。ばかにしました。毒のあることばを吐きました。血迷った男のようにわめきちらしたのです。作業員たちは、下を向いて仕事を続けました。彼らは公衆の面前で恥をかかされたと感じていたでしょう。それでも、現場監督はやめませんでした。交通量の多い道路に、これ見よがしに有毒物を吐いていました。夜、彼は仕事がはかどらなかったといって作業員を責めたにちがいありません。たぶん、わが子たちにもあたりちらしたでしょう。

将来に向けての大きな考えをお教えします。あなたのチームは、あなたよりすばらしくはなれません(たとえあなたがチーム・リーダーではなくても)。あなたは全員がたどりつける基準を設定します。それぞれの指は手の力に影響をおよぼします。

いろいろな組織に呼ばれて、従業員が超一流の成果をあげ、すばらしい結果を出すのを手伝ってほしいと頼まれると、わたしは部屋にいる全員に、「すべてはあなたから始まる」ということをそっと気づかせるようにしています。それは不可欠な考えなのです。

他人を責めるのはやめましょう――それは弁解にすぎません。そして、すべてはあなたの内なる世界から始まるのです。外側のリーダーシップは、内側に精通することから始まります。すばらしい人間になることに専念するまで、すばらしい組織づくりの役には立てません。

いつか、通りで見たあの現場監督は、鏡を見ないといけないのかもしれません。自分の混乱を整理しないと。個人的な怒りに対処しないと。極端な信念に取り組まないと。性格を成長させないと。心をひらかないと。

「たわごと《ソフトスタッフ》だよ、ロビン」といいますか？

いえ、けっしてそんなことはないと思います。たいへんなこと《ハードスタッフ》です（何人が、それをする勇気をもっていますか？）。最終的に業績を向上させてくれるものです。利益をあげてくれます。組織を偉大さへ導いてくれます。

すべてはあなたから始まる、ということをいいましたっけ？　というのも、ほんとうにそうなのです。

71

自分自身に対して誠実である

他人にどう思われているかは重要ではありません。肝心なのは、あなたがどう考えるかです。わたしたちは、他人の意見を気にして、好かれたい、喜ばせなければいけないと考え、大量のエネルギーをむだにしています。でも、真のリーダーシップと自己実現とは、社会的称賛を超越して――自画自賛に到達することなのです。

自分を尊敬してください。自分の価値観にしたがって生き、つねに本物でありつづけ、自分自身のやり方を守り、自分の夢を追いかけているかぎり、どうして他人があなたに対して思ったり、感じたり、いったりすることを気にするのですか？
成功とは人気コンテストではありません。そして一日の終わりでいちばん大切なことは、自分自身に対して誠実であったかどうかです。

ポイントメモ

72

すばやく行動を起こす

ご存じでしょうが、わたしは自分が完璧だといったことはありません。権威《グル》ではなく、未完成品にすぎないことを、いつも強調しています。きわめてふつうです。長所はあります。短所もあります（あらゆる人とおなじように）。弱点のひとつは短気です。なんとしてでも、すばらしいことを成しとげたいと思っていて、ゆっくりした変化に耐えられません。影響を与え、才能（だれにでもあります）を使う必要があるのです。いますぐに。

いくつかの弱点とおなじく、それは成功の源でもあります。わたしはすばやく行動を起こします。スピードが好きなのです。結果だけが重要です（ちょっと一

希望型人生

般論的にいっています）。

クリント・イーストウッドがいっていたことを思いだしました。

「事態を好転させたかったら、ときには自分でものごとを運ばなければならない」

そのとおりです。

もちろん、チームとともに仕事をしてください。そう、協調するのです。そうです、できないときは、あなたにない力をもっている人に委任してください。でも、ほかのみんなが、だれかが第一歩を踏みだすのを待っているのであれば、あなたが変化を推進する人間になる必要があります。わたしにとって、それは勇気をふるうことです。人生を十分に利用することです。リーダーシップです――そして、すばらしさの持続をめざすことです。

73

自分のことばに責任をもつ

子どもたちといっしょにノヴァ・スコシア州ハリファックスへ行ったことがあります。特別な人たちがいて、フィッシュ・アンド・チップスがとてもおいしい、大西洋を臨むすばらしい街です（たまたま、わたしが育った土地でもあります）。そこへ行ったのは、友人の結婚四十周年を祝うためでした。

本屋から出てきたとき、そばを走り去っていった車のバンパー・ステッカーは忘れがたいものでした。〈みずからの真実を語れ——たとえ声がふるえているときでも〉と書いてあったのです。すばらしい。

最近は、あまりに多くの人たちが調子のいい話をします。大量の空《から》約束。嘘。

希望型人生

山積みされる、なんの意味もない主張。でも、真のリーダーたちは違います。約束は控えめにして、期待以上のものを提供する、寡黙な人びと。いざ話すとなると、彼らは真実を語ります。一目《いちもく》おかれる人たちは、自分のことばが保証書であることをわかっています。約束が守られるたびに信用が生まれ、信頼の基礎がきずかれるのです。ですから、自分のことばにきちんと責任をもってください。肩書がなんであろうと、あなたはリーダーになれます。劇場には「どうでもいい役などない」と書いてあります。人生でも、意味のない人間などいないのです。

作家で医師のオリヴァー・ウェンデル・ホームズは、

「すべての使命は、崇高に追求されるとき、崇高なものになる」

といっています。

毎日、職場と家庭で、あなたは影響をおよぼし、潜在能力を発揮する機会を与えられます。リーダーと部下を隔てていることのひとつは、導く者は、率直に、正直に、勇敢に話すということです。たとえそうするのが怖いときでも。たとえ声がふるえていても。

ポイントメモ

74

自分の生き方をメッセージにする

古い友人と話をしました。彼は仕事でみごとな実績をあげ、有意義な人生をきりひらきました。彼のいったことを、ぜひみなさんにもお教えしたいと思います。というのも、それは他人に影響をおよぼす最良の方法を示しているからです。みずから手本となるリーダーシップ。

「ロビン」と、彼はいいました。「人生でもっともすばらしい教訓は、目に見えるものなんだ」

それはわたしにとって、つぎのようなことを意味します。自分の人生をメッセージにする。自分に誠実に生きる。自分の価値にしたがってすすむ。自分の哲学どおりにふるまう。そうやってまわりの人びとをその気にさせ、最善をつくさせるのです。

大計画を口にするのは簡単です。それを実行するのははるかに困難です。でも、偉大な人たちはやってのけます。優雅に。首尾一貫して。情熱的に。

有名な心理学者、アブラハム・マズローのいうとおりです。

「ほんとうにしあわせになるためには、なり得る最高の人間にならなければならない」

75 独自の脚本を書く

ある夜、ドニー・ドイチュの『ザ・ビッグ・アイディア（野心的な構想）』という番組を見ました。テレビはあまり見ないのですが、彼の番組は楽しめます。すばらしいゲスト。興味深い洞察。あふれるインスピレーション。

その男性、かつてラスヴェガスのホテルで、時給八ドル五十セントでカートの運転手をしていた人物は、人気テレビ・ドラマ『CSI：科学捜査班』の創案者になりました。彼の野心的な構想とはなんだったのでしょう？ 伝統的な警察ドラマが科学捜査と結びつく、テレビ番組の脚本を書くことでした。その魅力的なコンセプトのおかげで、彼は大金持ちになったのです。

わたしは考えさせられました。脚本とハリウッドの作家について。彼らは独自の物語を書きはじめます。配役のリストをつくります。で、結末をどうするかを決めます。

あなたもそうしてください。確かに、人生がどう展開するかは予測できません。いろいろな意味で、予期できるのは予期せぬことだけでしょう。独自の物語を書き、つぎにそれを日々行動に移すことで、そうしない人より、自分なりのハリウッド的結末にぐっと近づくことができます。職場でも私生活でも、多くの願望は実現します――わたしたちが脚本を書きさえすれば。

それはすばらしいことです。

76 人生で重要な三つのこと

男優のジョージ・クルーニーはこういっています。

「人生で名をなせるのは、ごく短い時期しかない」

わかりきっていますか？　かもしれません。でも、真実です。
日々の些事に忙殺されれば、残すべき遺産をきずくのを忘れがちになります。
問題にばかり神経を集中すれば、理想を追いかけるのをおこたりがちになります。
人生の平凡なことを追求するのに夢中になれば、非凡なことを見失いがちになります。

そうです、人生はすさまじいスピードで走りすぎるのです。毎日、名をなし、洞察を進歩させ、輝かしい存在になるために何かをひとつしなければ、ほんとうに重要なことを見逃してしまうかもしれません。

コンサルタントのリチャード・ライダーのことばを思いだします。

「六十五歳をすぎた人たちが、〝もういちど人生をやれるとしたら、どういった違うことをしますか?〟ときかれました。彼らは三つのことをいいました。立ちどまり、大切なことをたずねる時間をとるでしょう。仕事でも愛でも、もっと勇敢になって、危険を冒すでしょう。目的をもって生きるでしょう——影響を与えるために」

すべてを語っています。

77
あなたの遺産はどんなものになりますか？

これを書いているのは早朝です。書斎でくつろいでいます。そして、じっくりと考えています――リーダーシップと人生について。

亡くなられたアート・バックウォルドに関する小さな記事を読んだことがあります。当時八十歳のコラムニストは、腎不全で闘病生活をしていました。迫りくる死は、人間を人生でもっとも重要なことに近づけてくれます。とてつもない明快さをもたらします。もっと若いころには不可欠と思っていたアクセサリーをはぎとってしまいます。わたしたちを真実と結びつけてくれるのです（そして、真実はわたしたちを解放してくれますよね）。

彼は、「あなたにとって、完璧なしあわせとはなんですか？」ときかれました。答えは、「健康でいること」でした。

「どの才能がいちばんほしいですか？」ときかれたときの答えは、「生きる才能」でした。

「あなたにとって最高の秘蔵の品はなんですか？」ときかれたときは、「書いたものすべて——三十二冊の本とすべてのコラムだ」でした。

わたしたちがここから学べる英知の要点はなんでしょう？　ひろく知れわたるだけでなく、後世まで長く生き残るものを創りだすとき、偉大さは訪れます。正当性、評価、名声、有形のものはどれもすばらしく、とても人間的な楽しみです。でも、それよりずっと重要なものがあります。それは遺産です。影響をおよぼすこと。特別なもの、そして意味のあるものを創造すること。

のちの世代があなたの存在を知ってくれるように、一生をかけてどんな作品群をつくっていますか？

希望型人生

あなたのなかで眠っている偉大さを呼びだして、まさにきょうという日の光を浴びさせるために、いまこの瞬間、どんな大胆なふるまいと勇敢な行動を見せてくれますか?

あなたの〝最高の秘蔵の品〟はどんなものになりますか?

そして最後に振り返るとき、恵まれたあらゆる才能で、あなたは何をしたことになるのでしょう?

ちょっと気になっただけです。

78

選択能力は人間の最高の自由

わたしの愛読書の一冊は、ヴィクトール・フランクルが書いた『夜と霧』です。彼はオーストリアの精神療法医で、ナチの強制収容所生活を生き延びました。まわりにいた多くの人びとは死にました。彼らは希望を失いました。絶望におちいり、やがて亡くなったのです。

フランクルは、わたしが最高の人間の自由と信じているものに心を集中して、なんとか試練を乗りこえました。それは、わが身に起きたできごとにどう反応し、処理するかという、選択能力です。いい面を探すこともできるし、わるい面しか見えなくなってしまうこともあります。フランクルはこう書いています。

希望型人生

「人間からすべてを奪うことはできるが、ただひとつ、与えられた環境でいかにふるまうかという、人間としての最後の自由を奪うことはできない」
なんと崇高な考えでしょう。

ポイントメモ

装幀――村橋雅之
カバーイラスト――古瀬　稔

本書は、2008年10月に小社から四六判ハードカバーで刊行した『今すぐやらなければ人生は変わらない』を著者の了解を得て部分修正し再編集したものです。

[著者紹介]
ロビン・シャーマ（Robin S. Sharma）
ロビン・シャーマ法学修士は、リーダーシップと個人的成功に関する世界的な権威のひとり。『3週間続ければ一生が変わる』、『3週間続ければ一生が変わる Part2』など、数多くの著書は国際的ベストセラーを誇っている。ロビンは、トレーニング専門会社「シャーマ・リーダーシップ・インターナショナル」のCEOで、個人や組織が超一流の存在になる手助けをしている。彼のクライアントには、マイクロソフト、ナイキ、GE、フェデックス、NASAなどが含まれる。ウェブサイト robinsharma.com では、彼のブログ、ビデオ・コーチング、ポッドキャストを提供している。

[訳者紹介]
北澤和彦（きたざわ　かずひこ）
東京生まれ。東北大卒。書籍編集者を経て翻訳家に。主訳書は『サイレント・パートナー』J・ケラーマン（新潮社）、『死せる者すべてに』J・コナリー（講談社）、『雨の午後の降霊会』M・マクシェーン（東京創元社）、『3週間続ければ一生が変わる』『3週間続ければ一生が変わる Part2』R・シャーマ（海竜社）、『心のカップを空にせよ！』R・シャーマ（ダイヤモンド社）など多数。

1つ目標を持てば人生は一変する
〈幸運を呼ぶ78の英知〉

2018年2月26日　第1刷発行

著　者　ロビン・シャーマ
訳　者　北澤和彦
発行者　下村のぶ子
発行所　株式会社海竜社
東京都中央区明石町11-15　〒104-0044
電　話　03-3542-9671（代表）
ＦＡＸ　03-3541-5484
郵便振替口座＝00110-9-44886
出版案内　http://www.kairyusha.co.jp

本文組版　株式会社盈進社
印刷・製本　株式会社シナノ

ISBN978-4-7593-1586-8